육아의 가벼움과 무거움

육아의 가벼움과 무거움
임신, 출산 그리고 3년의 육아 이야기

초판 1쇄 발행 2021년 2월 16일

지은이 조민경
펴낸이 장길수
펴낸곳 지식과감성#
출판등록 제2012-000081호

교정 오현석
디자인 장홍은
편집 윤혜성
검수 김연화, 윤혜성
마케팅 고은빛, 정연우

주소 서울시 금천구 벚꽃로298 대륭포스트타워6차 1212호
전화 070-4651-3730~4
팩스 070-4325-7006
이메일 ksbookup@naver.com
홈페이지 www.knsbookup.com

ISBN 979-11-6552-696-2(03590)
값 12,000원

- 이 책의 판권은 지은이와 지식과감성#에 있습니다.
- 이 책 내용의 전부 또는 일부를 재사용하려면 반드시 양측의 서면 동의를 받아야 합니다.
- 잘못된 책은 구입하신 곳에서 바꾸어 드립니다.

지식과감성#
홈페이지 바로가기

육아의 가벼움과 무거움

임신, 출산 그리고 3년의 육아 이야기

글·그림 조민경

엄마가 돼서야 비로소 보이는 것들
브런치 누적 조회수 12만 공감 에세이!

지식감정#

contents
목차

프롤로그 … 9

🌱 **아무도 말해주지 않은 임신 증상**
임신 증상은 입덧만 알고 있던 무식자, 생각지도 못한 증상들과의 사투 … 11

🌱 **자연 분만도 다 하는 것이 아니구나**
자연 분만을 꿈꾸다 유도 분만하고 제왕 절개한 사연 … 19

🌱 **모유 수유도 다 되는 것이 아니구나**
모유 수유가 이렇게 힘든 것인지 나는 몰랐네 … 27

🌱 **엄마는 디테일해야 된다**
예방 접종 맞고 부작용이 발생할 줄이야 … 33

🌱 **육아 친구 동요**
동요가 이렇게 아름다울 줄이야 … 41

육아 필수 아이템
커피도 못 마시던 사람이 엄마가 되너니 매일 커피를 들이켜게 되었다 ··· 47

육아 2인조
엄마가 되니 엄마가 더 애틋해졌다 ··· 53

내 친구는 어디에
결혼과 육아는 친구 관계에 쉼표를 찍게 만든다 ··· 59

너의 무한한 가능성을 응원해
혹시 아이들의 생각의 공간에 울타리를 치고 있지는 않나요? ··· 65

마음공부가 필요합니다
육아의 길은 수행의 길 ··· 73

꽃으로도 때리지 마세요
진정한 훈육 방법을 공부할 시기입니다 ··· 81

좋은 것만 먹이고 싶은 엄마 마음
우리 가족이 먹는 음식에 대해 알고 선택할 권리를 지키고 싶어요 ··· 87

육퇴여, 오라
육아도 워라밸이 되나요? ··· 95

잘 노는 아이로 키우자
노는 방법을 잘 안다는 것은 인생에 있어 축복이다 ··· 103

- **전지적 엄마 시점**
  엄마의 시각으로 보는 세상은 너무도 달랐다 ··· 109

- **치느님에게 작별을 고하다**
  인간을 위해 당연히 존재해야 하는 것은 없다 ··· 115

- **아이와 함께 상상의 세계로 들어오세요**
  모든 사물이 살아 있는 아이의 세계, 마음껏 놀자 ··· 123

- **세 번의 죽음**
  아이를 낳고 가장 두려웠던 것은 아이의 죽음이었다 ··· 127

- **(남긴) 밥 잘 먹는 예쁜 엄마**
  아이가 남긴 밥도 이제 아무렇지 않게 먹어요 ··· 133

- **청개구리를 낳았나 보다**
  점점 고집이 세지고 자기주장이 강해지더니 결국 청개구리가 되었다 ··· 139

- **아이 마음속 클래식 씨앗 심기**
  아이와 함께 클래식을 즐길 수 있는 삶을 위하여 ··· 145

- **소심하게 말해보는 육아 팁들**
  육아 3년 차인 나에게도 육아 노하우가 있었으니… ··· 153

- **종교 없이 아이 키우기**
  종교보다는 과학과 철학이 너의 곁에 있기를 ··· 163

- **엄마는 분리 불안, 아이는 쏘 쿨(SO COOL)**
  드디어 아이를 어린이집에 보냈다 ⋯ 169

- **어린이집에서 문신한 엄마를 만났다**
  나도 모르게 저지른 편견이라는 잘못 ⋯ 175

- **어린이집 등원 거부 극복기**
  쏘 쿨(SO COOL)했던 아이의 등원 거부 그리고 극복 ⋯ 181

- **아이의 '왜(WHY)' 공격이 시작되었다**
  꼬마 철학자이거나 꼬마 악당이거나 ⋯ 189

- **아빠, 핸드폰은 넣어두세요**
  아이와 놀지 못하는 아빠, 아빠와 놀고 싶은 아이 ⋯ 195

- **아이 두고 여행 가기**
  엄마 놀러 갔다 올게, 잘 있을 수 있지? ⋯ 201

- **둘째 선언**
  나는 더 행복하고 더 용감해졌다 ⋯ 205

에필로그 ⋯ 211

프롤로그

널 지구로 초대할게

우리는 모두 우주의 한 부분이다.
생명은 우주의 씨앗을 품고 태어난다.
그 씨앗은 우주의 에너지를 가지고 있다.
너는 경이롭고 무한한 가능성의 존재이다.
그런 너를 나는 지구로 초대했다.
내가 먼저 발 디딘 지구에서
너의 우주가 펼쳐지길 바라.

아무도 말해주지 않은 임신 증상

임신 증상은 입덧만 알고 있던 무식자,
생각지도 못한 증상들과의 사투

아무도 말해주지 않았다. 아니 실감 나게 말해주지 않았다는 편이 정확할 것 같다. 임신 기간에 발생하는 여러 증상들이 이렇게 다양할 수 있다는 것을 말이다. 흔히 임신을 하게 되면 나타나는 증상으로 입덧을 떠올릴 것이다. 입덧은 주로 임신 초기에 느끼는 구역 및 구토 증상으로 배 속의 태아가 엄마에게 자신의 존재를 알리고 나쁜 음식이나 해로운 환경에서 자신을 보호하려는 신호이다. 보통 임신 9주 내에 시작되고 14주~16주면 사라지지만 불행히도 출산 직전까지 입덧에 시달리는 경우도 있다.

흔히 TV 드라마에서 임신 사실을 알리는 신호로 음식 냄새를 맡고 헛구역질을 하는 모습이 나온다. 나도 그저 그 정도일 거라고 막연하게 생각했었다. 한번은 회사에서 임신한 직원이 입덧이 심해 회사에 못 나오고 병가를 쓴 일이 있었는데, 그때 '입덧이란 것이 회사에 못 나올 정도로 심각할 수 있구나' 하고 단순히 생각했던 적도 있었다. 그런데 내가 입덧을 해보니 생각했던 것보다 훨씬 힘든 일이었다. 물론 임산부마다 입덧의 강도가 다를 것이고 입덧이 지속되는 기간도 다르겠지만 내 경험을 빗대어 실감 나게 표현해 보자면, 20대 초반 자신의 주량을 알지 못하고 친구들과 신나게 소주를 마신 뒤 인사불성이 되어 몇 번을 게워낸 뒤, 자기 방에 돌아와 쓰러져서 취침을 한 다음 날, 아무것도 먹지 못할 만큼 속이 메슥거리는 느낌이 하루 종일 지속되는 것과 유사하다.

<mark>나는 입덧 증상을 숙취로 표현하고 싶다</mark>

하루 종일 숙취에 시달리는 것도 힘든데, 거의 몇 달을 숙취에 시달린다고 생각해 보라. 입덧이 얼마나 힘든지 상상할 수 있을 것이다. 그런데 숙취 같은 입덧에 시달려도 임신 중에는 술을 마시면 안 된다고 하니 왠지 마시고 싶은 마음이 스멀스멀 올라올 때가 있다.

\#나는 맥주가 먹고 싶지 않다
\#마인드 컨트롤

아무도 말해주지 않은 임신 증상 + 13

나는 임신 기간에 그동안 하지 못했던 취미 생활을 하려고 했지만 입덧 때문에 불가능했다. 집 밖으로 나가기는커녕 침대에 계속 누워 있어야 했다. 속이 너무 메슥거려서 무엇인가에 집중하고 싶어 미친 듯이 색연필로 그림을 그리고 색칠을 하기도 했다. 그렇게 그림 태교를 본의 아니게 했다. 입덧은 그렇게 약 3개월 동안 나에게 강한 인상을 주고 사라졌다.

입덧이 끝난 후에는 나머지 임신 기간을 즐겨보자 했지만 또 다른 산이 기다리고 있었다. 여름이 오고, 임신 5개월째로 접어들면서 또 다른 증세가 나타나기 시작한 것이다. 온몸이 가렵기 시작했다. 밤낮이 따로 없었다. 볼록 나온 배는 물론이고 온몸 구석구석 가렵기 시작했다. 심지어 손바닥까지 가려웠다. 처음에는 땀띠인가 했다. 그래서 에어컨도 모자라 선풍기까지 동원했지만 가려운 증상은 없어지지 않았다. 밤에는 더 고통스러웠다. 잠을 자고 싶어도 가려웠다. 효자손을 구입해서 가려운 곳을 긁다가 지쳐 잠들기 일쑤였다.

생전 처음 듣는 말, 소양증!

결국 병원에 가서 물어보니 '소양증'이라고 했다. 처음 들어보는 단어였다. 소양증이라는 것은 가려움증의 다른 말이었고, 임신 중에 소양증이 나타날 수 있다고 하였다. 소양증이 발생하는 원인은 개인별로 다양하고, 정확한 원인을 알 수 없다고 한다. 하지만 분명한 것은 너무 가렵다는 것이다. 내 경우에는 손발바닥까지 가려웠다. 주변에 물어봐도 임신 기간 중 가려운 증상이 있었던 사람은 없었다. 나의 증상을 말하니 친구들도 신기해했을 정도다. 임산부 10명 중 2명 정도 소양증이 발생한다는데 내가 당첨된 것이다. 소양증의 괴로움은 입덧과 우열을 가릴 수 없었다. 병원에서는 너무 힘들면 약을 처방해 줄 수 있다고 했지만 스테로이드가 소량 포함되어 있는 것을 차마 바를 수가 없었다. 배 속에 있는 아기를 생각하면서 참을 수밖에 없었다. 우선 보습제를 발라 건조하지 않게 하고 너무 가려울 때는 얼음찜질로 감각을 마비시키고, 참을 수 없을 정도일 때는 대나무로 만든 효자손으로 슬슬 긁어줬다. 왜 어르신들이 효자손을 쓰시는지 알 것 같았다. 진짜 시원하고 피부가 상하지도 않는다. 그렇게 여름 내내 나는 소양증과 사투를 벌였고 찬바람이 불어오기 시작하면서 신기하게도 가려움증도 서서히 사라졌다.

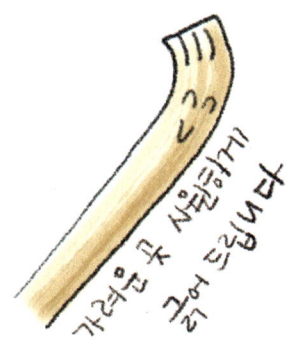

\#효자손 \#생명의은인

여기서 끝나면 섭섭하다. 이건 좀 웃긴 증상이다. 배가 남산만 하게 불러오면서 나타난 증상이 있었다. 이 증상은 서서히 나타나서 나는 감지하지 못했지만 출산 전에 만나는 친구들마다 모두가 나에게 했던 소리가 있었다.

==너 코가 커졌어!==

나는 몰랐지만 내 콧방울이 부어서 나는 코봉이가 되어 있었다. 아니 손발이 붓는 것도 모자라 코까지 부었다니! 웃음밖에 안 나왔다. 그러던 어느 날, 나보다 출산일이 2달 정도 늦은 친구인 K양이 집에 놀러 왔다. 출산 후에는 한동안 만나기 힘들 것 같아서 친구가 직접 만삭의 몸을 이끌고 우리 집까지 찾아와 주었다. 만삭의 두 여성이 처음 대면했을 때 나는 웃음보가 터지고 말았다. 친구의 코가 엄청 커져 있었던 것이었다!

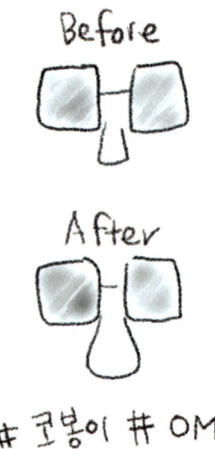

"친구 아니랄까 봐 이런 것도 닮는 거야? 너도 코가 커진 것을 알고 있었어?"

나는 임신 9개월 만에 동지를 만난 느낌이었다. 코가 커진 두 여인은 더욱 돈독한 우정을 다지며 출산 후 건강한 모습으로 아이들을 데리고 만날 것을 기약하며 헤어졌다.

이렇게 난 임신 기간 동안 내가 상상도 못 한 일들과 마주해야 했다. 아무도 임신 기간 동안 어떤 일이 벌어질 수 있을지 실감 나게 말해주지 않았지만 나도 임신 기간을 겪고 나니까 왜 아무도 자세히 이야기해주지 않았는지 이해할 수 있을 것 같다. 이렇게 기록해 놓지 않으면 아이가 태어나는 순간, 임신 기간 동안 힘들었던 일들은 기억 저편으로 희미하게 사라져 버리게 된다. 왜냐하면 출산 이후가 더 힘들기 때문이다. 물론 더 힘든 동시에 더 행복하다.

==육아는 극도의 행복과 극도의 힘듦이 서로 상쇄되는 신기한 경험이다==

자연 분만도 다 하는 것이 아니구나

자연 분만을 꿈꾸다 유도 분만하고
제왕 절개한 사연

출산이 임박해 오면서 언제 신호가 올지 기다리는 시간이 생각보다 긴장되었다. 나의 경우에는 몇 번 소량의 빨간색 혈액이 나왔고, 아랫배가 알싸하게 아픈 진통이 몇 번 있었다. '진통이 오면 어떻게 아플까', '어느 정도 아파야 병원으로 가야 하나', '집에 혼자 있는데 너무 아프면 어떻게 해야 할까' 등 출산에 대한 생각으로 하루하루를 긴장하며 보냈다. 그런데 문제는 다른 곳에서 발생했다. 담당 의사 선생님이 말씀하기를 양수가 갑자기 줄어들고 있다는 것이었다. 몇 번 속옷이 축축하게 젖은 적이 있었지만 대수롭지 않게 지나갔었는데 양수가 조금씩 새고 있었던 것이었다. 아직 출산까지는 2주나 남아있는 상태였지만 병원에서는 양수가 계속 줄면 아기가 위험할 수 있다고 했다. 나는 최대한 엄마 배 속에서 오래 있다가 나오는 것이 좋다고 생각했기 때문에 아주 심각한 수준이 아니면 며칠 더 기다려보자고 했다.

　　　　　　　제발 양수야 줄지 마라…

그 후 며칠 동안 더 이상 양수가 줄지 않기를 바랐지만 다시 병원을 방문했을 때, 양수가 전보다 더 줄어 있었다. 의사는 유도 분만을 하는 것이 좋겠다고 했다. 진통도 없는 상태이고 자궁도 전혀 열리지 않은 상태에서 양수가 줄어들고 있었기 때문에 마냥 아기가 나오기를 기다릴 수가 없었다. 그렇게 나는 39주 2일째 되는 날 유도 분만을 위해 입원을 하게 되었다. 언제 나올지 계속 기다리는 것보다 차라리 날짜를 잡고 입원을 하니 마음은 오히려 안정되는 것 같았다. '드디어 오늘 우리 예쁜 아기를 만나겠구나'는 생각이 들면서 출산의 두려움보다는 설렘이 앞섰다.

유도 분만을 진행하기 전에 흔히 이야기하는 '굴욕 3종 세트(제모, 관장, 내진)'가 진행되었다.

\# 굴욕3종세트
\# 제나면기억1도안남

이것이 바로 굴욕 3종 세트구나!

　제모는 감염 방지를 위해 시행하는 것이며 위생적으로 시술되어 안전하다고 한다. 제모를 하는 이유를 알고 나니 그 과정이 부끄럽다는 생각은 들지 않았다. 물론 그 상황이 어색하기는 했다. 또, 관장은 분만 시 대부분의 경우 대변이 배출되는데 산모의 상처에 감염을 일으킬 수 있고 태아의 폐로 들어가 폐렴의 원인이 될 수 있기 때문에 시행한다고 한다.

　지인의 경우 외국에서 출산을 하게 되었는데 관장을 해주지 않아서 출산 내내 대변이 배출될까 봐 그 걱정만 했다고 한다. 관장은 생각보다 오래 걸리는 일도 아니고 많이 불편하지도 않으니 더 굴욕적인 상황을 피하기 위해 하는 것이 백번 낫다. 마지막으로 내진은 자궁 경부의 변화를 파악하기 위해 의사가 손가락으로 진찰하는 것을 말한다. 내진은 불편할 수밖에 없지만 출산이 임박했을 때에는 내진을 해도 했는지 안 했는지 느껴지지도 않는다고 한다. 굴욕이라는 이름이 붙여져 있지만 출산에 임박했을 때는 굴욕이라고 느낄 새도 없을뿐더러 그다지 굴욕적이지도 않다.

　유도 분만을 위해 자궁을 수축시키는 옥시토신이 투여가 시작되면서 수시로 간호사들이 진통이 발생하는지 체크하기 시작했다. 유도 분만을 시작하게 되면 길게 잡아도 반나절 이후에는 출산을 한다고 하는데 나는 반나절이 지나도록 진통도 안 느껴지고 너무나도 평안했다. 간호사도 의사도 어리둥절한 표정이었다. 계속 약물을 투여

할 수 없기 때문에 좀 쉬었다가 다시 한번 시도하기로 하였다. 이러다 자연 분만을 못 하게 되는 것은 아닌가 걱정이 되긴 했지만 반대로 저 마음 깊은 곳에서는 출산의 고통이 너무 두려웠기 때문에 차라리 제왕 절개를 하고 싶다는 생각이 자리 잡고 있었다. 자연 분만이 아기에게 좋다는 것은 너무나도 잘 알고 있지만 '고통을 느끼지 않고 출산을 하는 방법이 있는데 굳이 고통을 느껴야 될까?'라는 생각이 들기도 했다.

두 번째 유도분만을 시도했지만 나의 의식이 몸을 지배하는 것인지 이번에도 전혀 진통이 오지 않았다. 결국 의사는 이런 경우는 처음이라며 제왕 절개를 권유했다. 가장 최악의 경우는 유도 분만으로 아플 것은 다 아프고 제왕 절개를 하는 것이라는데 난 최악의 상황은 다행히 면했다. 긍정적인 마인드다.

유도 분만 실패로 제왕 절개를 하게 되다니…

제왕 절개를 할 때 마취에 관해 2가지 선택 사항이 주어진다. 하나는 처음부터 수술 종료까지 완전 수면 마취를 하는 것이고, 다른 하나는 출산까지는 하반신 수면 마취를 하고 아기가 나오면 아기를 확인한 후 수술 종료까지 다시 완전 수면 마취를 하는 것이다. 나는 아기의 탄생 순간을 확인할 수 있는 후자를 선택했다. 막상 수술실에 누워있으니 차가운 수술실에서 태어날 아기한테 미안한 생각이 들었다. 얼마나 놀랄까? 엄마 배 속에서 밖으로 나갈 생각이 없어서

유도 분만을 해도 꿈쩍하지 않는 아기인데 갑자기 끄집어내니 말이다.

  하반신 마취를 하고 수술이 시작되었다. 조금 뒤 사람들이 내 배를 마구 누르는 것 같은 기분이 들고 얼마 지나지 않아 아기 울음소리가 들렸다. 그리고는 아기를 보여주는데 커다란 검은 눈동자를 가진 아기가 나를 쳐다보고 있었다.

나는 정말 아기에게 첫눈에 반해버렸다

'배 속에 있을 때 제대로 얼굴 한 번 안 보여줬는데 드디어 너의 얼굴을 볼 수 있게 됐구나!' 생각보다 너무나도 작은 아기였다. 그 순간 저 작은 아기를 위해서라면 뭐든지 할 수 있을 것 같은 생각이 들었다. 감동이라는 말은 이럴 때 쓰는 것이었다. 나는 아기가 건강하게 태어난 모습에 안도하며 수면 상태로 들어갔다. 당연히 자연 분만을 할 거라고 생각하고 준비했던 10개월이 물거품이 되었지만 아기가 건강하게 태어난 것만으로도 감사할 일이었다. 임신과 출산이란 건 예상대로 진행되는 영역이 아니었다. 다행인지 불행인지 아무튼 난 인생에서 가장 큰 고통을 경험한다는 출산의 순간이 고통 없이 아주 편안하게 지나갔다. 물론 제왕 절개는 수술 후가 아프긴 하다. 하지만 수술 다음 날이면 일어서서 걸을 수가 있다. 누워있을 때는 전혀 아프지 않지만 앉고, 서고, 걷기까지의 과정이 매우 힘들다. 얼굴이 하얗게 질리고 식은땀이 주르륵 흐를 정도로 힘든 시간이 찾아온다. 그리고 약 1주일 정도는 누운 자세에서 배로 일어날 수 없어 옆으로 구르듯이 일어나야 한다. 또 수술 후 3일 정도 지나면 발이 코끼리 발처럼 붓게 되니 너무 놀라지 마시길! (그런데 수술 후 종아리 부분을 조여 주는 레깅스를 착용하면 붓기를 방지할 수 있다는 것을 나중에 알았다.)

모유 수유도 다 되는 것이 아니구나

모유 수유가 이렇게 힘든 것인지
나는 몰랐네

요즘은 제왕 절개를 해도 모유 수유가 바로 가능하다고 한다. 그래서 난 수술 다음 날 모유 수유를 시도하고자 했다. 친구 L양도 제왕 절개 후 바로 젖을 물렸고 그때부터 모유 수유를 했다고 했었다. 그래서 수술 다음 날 신생아실에 있는 아기를 입원실로 데리고 왔지만 내 가슴은 무반응이었다.

==자궁도 무반응이더니 가슴도 무반응이다==
==나의 신체기관들아 왜 이러니…==

친구 L은 바로 콸콸 나왔다던데, 나는 모유가 나올 조짐이 보이지 않았다. 내 지인 중에서는 모유가 안 나온 사람은 없었다. 1년을 모유 수유 한 친구들도 꽤 있었다. 조바심이 나기 시작했지만 어차피 내일이면 산후조리원에 가니 그때 도움을 받아서 시도해 보는 것으로 마음을 다잡았다.

사실 산후조리원을 가야 되나 말아야 되나 출산 전에 고민을 많이 했었다. 갓 태어난 아기를 집으로 데리고 오면 엄마와 24시간 붙어 있어서 아기 입장에서는 좋겠지만 갑자기 발생하는 응급 상황을 대처하거나 아기의 상태 변화를 전문 지식 없이 확인해야 한다는 것이 걱정스러웠다. 그래서 산후조리원을 선택할 때 24시간 의사가 대기하고, 매일 소아과 의사가 회진을 돌며, 큰 병원이 가까이 있는 곳을 중점으로 보았다. 특히 모유 수유에 대한 의지가 강했기 때문에 모유 수유를 도와주는 시설과 사람이 있는지 중요했다. 다행히 집과 가까운 곳에 내 기준에 충족되는 시설이 있었다.

산후조리원에 입소하자마자 모유 수유를 하고 싶다고 했더니 모유 수유 교육과 가슴 관리를 하시는 분이 찾아오셨다. 우선 내 가슴을 체크하시고는 지금 유선이 뚫리지 않아 모유가 잘 나오지 않는다고 하였다. 바로 가슴 관리에 들어가야 된다고 해서 그날 오후부터 바로 가슴 관리실로 찾아갔다. 그때까지만 해도 나에게 무슨 일이 벌어질지 상상하지 못했다. 단순히 가슴 마사지 정도로 생각하며 가볍게 관리실 안으로 들어갔다. 따뜻하게 데워진 침대 위에 가슴을 드러낸 채 누웠다. 어색한 시간도 잠시 관리사분들이 양쪽에 앉아 내 가슴 하나씩을 전담하기 시작했다.

=='오 마이 갓!' 이것은 거의 고문에 가까웠다==
==나에게 어떤 정보를 알아내기 위해 이런 고문을 하는==
==것이라면 모든 비밀을 다 말해버리고 싶었다==

　고통 없이 출산을 한 대가일까? 초유는 반드시 먹인다는 신념으로 소리를 지르면서까지 꾹 참아냈다. 얼굴 위로 차가운 액체가 후드득 떨어졌다. 얼마나 세게 짰는지 젖이 하늘로 솟구쳤다가 내 얼굴로 떨어진 것이었다. 다행히 그날부터 젖이 나오기 시작했다. 새벽에는 알람을 맞추고 유축기로 2시간에서 3시간마다 젖을 짜야 했다. 산후조리원은 쉬러 들어가는 곳이 아니었다. 그런데 모유가 잘 나오기 위해서는 유축이 아니라 직접 아기에게 젖을 물려야 한다고 한다. 오히려 유축은 젖의 양을 줄일 수 있다고 한다. 그래서 낮에는 아기가 깨어나면 신생아 모유실로 달려가 아기에게 젖을 물렸다. 하지만 생각만큼 모유의 양은 늘지 않았다. 나는 젖병에 한가득 노란빛이 나는 초유를 담아 수유실로 들고 가는 엄마들을 부러운 시선으로 바라만 봐야 했다.

난 초유를 얻기 위해 산후조리원에 있는 2주 내내 내 가슴을 매일 관리사분들에게 맡겨야 했다. 관리실에 가야 하는 시간이 다가오면 마음의 준비를 해야 했다. 오늘은 제발 덜 아프길 기도하면서 말이다.

그렇게 2주가 흘렀고, 난 가슴 마사지와 작별할 수 있었다. 하지만 내 젖의 양은 늘지 않았다. 아기에게 젖을 계속해서 물려야 된다는데 젖을 물리는 것도 쉬는 일이 아니었다. 산후조리원에서나 집에서도 밤낮 구분 없이 2시간마다 젖을 물리는 것은 불가능했다. 또, 젖을 물리면 아기가 얼마나 먹었는지 알 수가 없어서 답답했다. 1달 동안 분유와 병행해서 겨우겨우 초유를 먹였지만 그 후 난 완전 분유로 돌아섰다.

덧붙이는 이야기

출산 전에 아이에게 먹이고 싶은 분유를 미리 찾아보고 출산할 병원이나 산후조리원에서 어떤 분유를 먹이는지 확인해 보는 것이 좋다. 원하는 분유가 아니라면 미리 구입을 해서 병원과 산후조리원에 가져가 원하는 분유로 먹여 달라고 하면 된다. 산후조리원에서 주는 분유는 비용을 따로 내지 않는다. 아기가 분유를 먹다가 다른 분유로 바꿀 수는 있으나 바꿀 때는 1주일 정도 충분한 시간을 두며 천천히 바꿔야 한다.

엄마는 디테일해야 된다

예방 접종 맞고
부작용이 발생할 줄이야

여느 때와 마찬가지로 하루 기온이 가장 따뜻할 오후 시간에 아기 목욕을 마치고 침대에 눕혀 이곳저곳 로션을 발라주고 있었다. 그런데 아기의 오른쪽 겨드랑이 밑에 볼록하게 무엇인가가 튀어나와 있었다. 팔을 올리고 봐야 보이는 구석진 곳이었다. 손으로 만져보니 딱딱한 것이 만져졌다. 순간 가슴 한가운데부터 목구멍까지 뜨겁게 불안한 기운이 솟구쳤다. 동시에 아기를 나름 열심히 돌본다고 생각했는데 이제야 이상한 점을 발견했다는 자괴감도 밀려왔다.

다음 날 당장 동네 소아과로 달려갔고, 의사는 BCG(Bacillus Calmette Guérin, 이하 결핵) 예방 접종 부작용으로 생긴 림프절염 같다는 진단을 내리고 대학 병원으로 가보라고 했다.

==우리 아기는 결핵 백신에 대해 림프절에서 과한 면역 반응을 일으킨 것이었다==

결핵 예방 접종 방법은 피내용와 경피용 2가지로 나뉘는데 우리 아기는 경피용 결핵 백신으로 접종했었다(과거 불주사로 불리며 어깨에 흉터가 남았던 접종 방식이 피내용이라면, 경피용은 여러 주입구로 백신이 팔에 주입되며 흉터가 남지 않는다).

==예방 접종 부작용은 열이 나거나 맞은 부위가 부을 수 있다는 정도로만 생각했지 염증이 생기고 곪아서 덩어리처럼 툭 튀어나올 수 있다는 생각은 전혀 하지 못했다==

아기가 태어날 때 주는 건강 수첩을 보니 '예방 접종 이상 반응'에 대해 나와 있는 페이지가 있었다. 이 페이지를 못 본 건지, 보고서도 기억을 못 한 건지 알 수 없었다. 엄마가 되려면 디테일해야 한다는 생각이 들었다. '예방 접종 이상 반응' 페이지를 보니 예방 접종 종류별 국소 이상 반응과 전신 이상 반응이 설명되어 있었다.

결핵 국소 이상 반응: 국소 궤양, 국한성 화농성 림프절염

결핵 전신 이상 반응: 매우 드물게 파종성 결행, 골염

    결핵 예방 접종에 대한 페이지에 정확히 적혀 있었다. 다른 예방 접종에 대한 이상 반응도 훑어보았다. 중추 신경계 이상 반응, 과민성 쇼크, 경련, 대상 포진 등, 내가 생각했던 것보다 심각한 증상들도 적혀 있었다. 이런 부작용이 발생할 수 있는 확률이 있음에도 예방 접종을 하는 것이 더 나으니 예방 접종을 하라고 하겠지만, 부작용을 겪은 부모로서 예방 접종을 맞히는 것도 중요한 결정이라는 생각이 들었다.

    A 대학 병원 외과에 예약하고 진료를 받으러 가니 소아과에서와 마찬가지로 결핵 예방 접종 부작용으로 생긴 '결핵 육아종'이라는 진단을 받았다. 그런데 이 종괴가 서서히 작아질 수도 있지만 더 커지면 수술을 해야 한다는 것이었다. 아니 이 작은 아기 몸에 칼을 대야 된다니 갑자기 눈물이 쏟아질 것 같았다. 의사는 2주 후에 보자고 했다. 난 2주 동안 제발 겨드랑이 아래 떡하니 자리 잡고 있는 동그란 덩어리가 작아지기를 바랐다. 하지만 2주가 지나도 이 못된 종괴는 내 마음도 아랑곳하지 않고 그대로였다. 의사는 수술을 해야 한다며 수술 날짜를 잡자고 했다.

==전신 마취를 하고 수술대에 생후 6개월도 안 된==
==우리 아기를 눕힐 생각을 하니==
==가슴이 턱 하니 막히는 것 같았다==

"선생님, 수술이 최선인가요? 다른 방법은 없는 건가요?"

"최선은 아프지 않은 거죠."

나의 절실한 질문에 돌아온 것은 냉정한 대답이었다. 아니 당연히 아프지 않은 것이 제일 좋지, 최선의 치료가 수술이냐는 내 말뜻을 정말 못 알아들은 것인가? 화가 나서 심장이 쿵쾅거렸다.

수술 날짜를 잡고 애써 마음을 추스르고 집으로 돌아왔을 때 백신 회사에서 전화가 왔다. 경피용 결핵 백신을 수입하는 회사인데 부작용 발생에 대해 위로의 말을 건네며 치료비를 보상해준다고 하였다. 경피용 결핵 백신은 현재 '국가 필수 예방 접종'에 해당되지 않기 때문에, 이상 반응이 발생했을 경우 그 피해를 국가에서 보상해 주지 않아 자체적으로 한국 백신 회사에서 보상을 해주고 있다고 했다. 백신 회사에서 현재 상태가 어떤가 물어봐 수술하기로 했다고 하니 수술하기 전에 다른 병원도 가보는 것이 어떻겠냐며 B 대학 병원의 ○○○ 선생님을 추천해 주셨다. 엄마들 사이에서 친절하기로 소문이 자자하다고 했다.

==맞아… 병원은 한 군데만 가보는 것이 아닌데…==

지인을 통해 소아과 의사에게 조언을 구했을 때도 수술을 한다고 해서 다른 대학 병원을 갈 생각을 안 했었는데, 전화를 받고 나서 다시 가 봐야겠다는 생각이 들었다.

그렇게 수술 날짜 2일 전에 B 대학 병원 감염내과 ○○○ 선생님을 만나게 되었다. 아기 겨드랑이 밑의 덩어리를 보시더니, 이 정도 크기는 수술하지 않는다며 점점 없어질 테니 한 달 뒤에 다시 보자고 했다. 나는 속으로 '감사합니다'를 연거푸 외쳤다. 수술 날짜를 취소하면서 나 자신은 물론 A 대학 병원 의사에게도 어찌나 화가 나던지, 하마터면 생후 6개월도 안 된 아기에게 전신 마취를 하고 보드라운 살에 날카로운 칼을 댈 뻔했다. 엄마로서 계속 뭔가를 놓치는 것 같아서 목구멍까지 뜨거운 울음이 차오르는 것을 꿀꺽하고 삼켰다.

한 달 뒤 병원을 다시 방문했을 때도 덩어리 크기가 커지지 않고 있으니 그냥 두면 없어질 것이라고 했다. 4개월 뒤 다시 방문했을 때는 덩어리 위 표면을 살짝 찢어주니 고름과 함께 괴사된 조직이 마치 파충류의 몸에서 미끌미끌한 알이 빠져나오듯 깨끗하게 빠져나왔다. 동시에 내 마음속에 자리 잡고 있던 근심의 덩어리도 함께 빠져나갔다.

이로써 완치, 끝, 안녕!

다행히 아기는 고통도 없었고, 고생도 하지 않았다. 정말 감사할 일이었다. 아기의 왼쪽 겨드랑이 아래 무심하게 튀어나온 그 덩어리를 보면서 6개월 동안 마음을 졸였지만 그만큼 엄마로서의 마음은 단단해진 것 같았다.

　사실 난 아주 꼼꼼하거나 세심한 성격이 아니다. 인터넷에서 엄마들이 이야기하는 육아 정보를 잘 찾아보는 스타일도 아니다(불행하게도 잘 찾지도 못한다). 내가 겨우 하는 것이라고는 육아책을 읽으면서 공부하는 것과 그나마 육아 정보에 발 빠른 친구들이 해 주는 이야기를 감사하게 듣는 정도이다. 그런데 좀 더 디테일해져야겠다는 생각이 든다. 특히, 아기가 말도 못 하는 시기일 때는 더욱 그렇다. 아기에 대한 무한한 책임이 지금은 나에게 있다고 느껴졌다.

> 의사도, 친구도, 인터넷도, 육아책도
> 나에게 때가 되면 자동으로
> 우리 아기의 발달에 대해 말해주지 않는다
> 내가 공부하고, 찾아보고, 확인해야 한다
> 그것도 디테일하게

　왜 대학에 유아교육과가 따로 있는지 이해가 갔다. 육아는 정말 대학에서 하나의 전공으로 공부해도 모자랄 판이다. 아마 앞으로도 아기를 키우면서 내가 놓치는 일들이 많을지도 모른다. 하지만 아기의 건강에 관한 것만큼은 디테일을 놓치고 싶지 않다. 예방 접종과 영유아 검진은 기본이고, 아기의 몸 구석구석을 살피고, 청결을 유지하고, 영양가를 생각해서 음식을 만들어야겠다고 다짐해 본다. 디테일한 엄마가 되자.

육아 친구
동요

동요가
이렇게 아름다울 줄이야

갓난아기와 하루 종일 같이 있으면서 대부분 시간은 아기를 재우는 일에 보낸다. 아기마다 다르겠지만 보통 생후 1개월 된 아기는 하루 24시간 중 17시간 정도를 자며, 자고 깨는 것을 5번에서 7번 정도 반복한다. 생후 3개월 정도가 되면 총 15시간을 자고 낮잠을 3회 잔다. 6개월 이후로는 낮잠이 2회로 줄어들고, 18개월 이후로는 낮잠이 1회로 줄어든다. 잠만 제대로 잘 자도 육아의 고충이 확 줄어든다. 우리 아기는 잠은 잘 드는 편이었지만 100일 전까지 내 가슴 위에서 잤다. 침대에만 내려놓으면 '엥~' 하고 울기 시작했기 때문이다. 요즘은 수면 교육을 많이 시도하지만 나는 수면 교육에 대해서 좀 회의적이었기 때문에 아기 스스로 침대에 누워 잘 때까지 기다렸다. 아무튼 수면 장소는 둘째 치고 아기를 재우는 것도 만만치 않다. 졸린데 못 자는 아기들이 참 많다.

==아기를 재우기 위해서는 여러 방법이 있겠지만==
==내가 선택한 방법은 자장가와 짐 볼이었다==

짐 볼 위에 앉아 몸을 살살 흔들면서 자장가를 불러주면 어느새 스르륵 잠이 들었다. 나는 자장가를 부르면서 잊고 있었던 노래와 다시 만나기 시작했다. 부드럽고 감미로운 노래들, 노랫말이 예쁜 동요들을 내 기억에서 소환해서 하나씩 부르기 시작했다.

노래를 부를 때면
육아의 외로움과 힘듦도 사라지는 것 같았다
노래도 부르고 아기도 재우고 일석이조의 시간이었다

생후 3개월에서 4개월까지는 내가 부르고 싶은 노래를 많이 불렀다. 특히 고전 영화 속 노래나 뮤지컬 노래를 좋아했다. 주로, 〈오즈의 마법사〉(1939년) 영화 주제곡인 '오버 더 레인보우(Over The Rainbow)', 〈티파니에서 아침을〉(1961년) 영화 속에서 오드리 헵번이 창가에 앉아서 기타를 치면서 불렀던 '문리버(Moon River)', 〈사운드 오브 뮤직〉(1965년)의 '에델바이스(Edelweiss)', 뮤지컬 〈캣츠〉의 늙은 고양이 그리자벨라의 테마곡인 '메모리(Memory)', 또 아바의 22개의 히트곡으로 만들어진 뮤지컬 〈맘마미아〉의 '댄싱 퀸(Dancing Queen)'이 우리 아기의 자장가였다.

하루에도 몇 번씩 낮잠을 재워야 하기 때문에 노래를 부르는 시간이 꽤 되었다. 실컷 부르고 싶은 노래를 불렀고, 다행히 우리 아기는 내 노래를 들으며 곤히 잠들었었다. 아기를 재우는 시간이 나에게는 휴식 같았고, 자장가를 부를 때만큼은 나는 뮤지컬 주인공이었다.

생후 5개월에서 6개월 이후로는 짧은 한국 동요들을 주로 불렀다. 짧은 동요들의 대표곡이라면 '곰 세 마리', '작은 별', '바둑이 방울', '개구리', '솜사탕', '햇볕은 쨍쨍', '구슬비' 등이 있다. 이 동요들은 가장 대중적이면서 내가 어릴 때도 부르던 동요로 고전이라고 말할 수 있을 것이다. 이때부터는 아기가 동요를 기억하기 시작했다. 처음 우리 아기가 반응한 곡은 '작은 별'이었다. 내가 노래를 부르면서 손으로 반짝반짝 율동을 해주었더니 어느 날부터 율동을 따라 했다. 고사리처럼 작은 손으로 완벽하지 않지만 손을 좌우로 흔들며 따라 하는 모습이 너무도 예쁘고 신기했다. '혹시 천재가 아닐까'라는 생각도 들었다(아기가 새로운 무언가를 시작할 때 대부분의 부모는 우리 아기가 천재인가 하는 착각에 빠진다). 아무튼 아기가 노래와 율동을 기억을 하니 나는 더 열심히 노래를 불러주었다.

  자장가를 불러줄 때 노래를 부르면서도 '다음 곡은 무엇을 불러주지?'라는 생각을 하게 된다. 처음에는 생각나는 대로 불러주었는데, 노래가 끊기는 경우가 있어서 언젠가부터 자장가 메들리를 만들어 놓고 계속 불러주게 되었다. 리듬이 비슷해서 부르다 보면 자연스럽게 이어서 부를 수 있다. 나의 자장가 메들리는 다음과 같다.

'반달'(♪푸른 하늘 은하수~) → '나뭇잎 배'(♪낮에 놀다 두고 온~) → '과수원 길'(♪동구 밖 과수원길~) → '오빠 생각'(♪뜸북 뜸북 뜸북새~) → '섬집 아기'(♪엄마가 섬 그늘에) → '잘자라 우리 아가'(♪잘 자라 우리 아가~)

  이 메들리로 3번, 4번 부르면 어느새 아기가 잠이 든다.

  재울 때만 노래를 부르는 것은 아니다. 육아가 힘들고 지칠 때 동요를 틀어 놓고 신나게 노래를 부르며 춤을 추면 아기도 즐겁고 나도 다시 힘이 난다. 아기는 신이 난 엄마를 보고 까르르거리고, 같이 따라 춤을 추기도 한다.

  《엄마가 놓쳐서는 안 될 결정적 시기》(이임숙 저, 더난출판사)라는 책에서는 부모가 꼭 지녀야 할 4가지 태도로 '명랑함', '수용', '호기심', '공감'을 이야기한다. 그중 '명랑한 태도'를 가지기 위해서 동요를 듣고 부르는 것이 매우 도움이 된다. 우울해지고 기분이 침체될 때 아이와 함께 동요를 틀고 신나게 춤을 추면 기분이 좋아진다. 이렇게 춤을 추고 있는 나 자신이 웃겨서 웃음이 나오기도 하고, 엄마 따라 한다고 짧은 팔다리를 열심히 휘젓는 아기를 바라보면 행복해 지기도 한다.

앞으로 내가 접할 동요의 세계는 무궁무진할 것이다. 이미 '뽀로로' 와 '핑크퐁'의 캐릭터 동요를 부르고 있고, 조금 더 지나면 만화 영화 OST도 부를 것이다(사실 만화 영화 노래들이 가장 기대되는데 내가 어렸을 때 애니메이션 〈인어공주〉(1989년)의 주제곡을 정말 많이 불렀기 때문이다). 우리 아기와 함께 노래를 부르는 시간이 차곡차곡 쌓이면 얼마나 좋은 추억이 될까? 오늘도 열심히 아이와 함께 노래 를 불러야겠다.

육아 필수 아이템

커피도 못 마시던 사람이 엄마가 되더니
매일 커피를 들이켜게 되었다

나는 커피를 못 마시는 사람이었다. 커피를 마시면 배가 아프고 머리가 아팠다. 회사에 출근해서 커피로 하루를 시작하고 점심 먹고 한 잔, 오후에는 졸려서 또 한 잔, 퇴근 전에는 집에 가기 전에 또 한 잔 하는 사람들이 대단하다고 생각했다.

나는 30대가 되어서야 커피를 좀 마시기 시작했다. 처음에는 쓴맛이라고는 느낄 수 없는 캐러멜마키아토부터 도전했다. 이름부터 달달하다. 캐러멜이 들어가니 안 맛있을 수가 있으랴. 거기에 생크림이 아름답게 올라간다. 스트레스가 많은 날이면 회사 동료들과 캐러멜마키아토에 캐러멜 시나몬 브레드를 주문해서 강력한 단맛으로 고통의 뇌를 마비시켰다.

그런데 캐러멜마키아토는 커피로 치기에는 본연의 커피 맛을 많이 벗어났으니 커피를 마셨다고 볼 수 없을 것 같다. 그나마 카페라테는 큰맘 먹고 마시기도 했는데, 아이스카페라테는 한 잔 시키면 얼음이 다 녹을 때까지 하루 종일 마셨고, 뜨거운 카페라테는 이틀 동안 마셨다. 내 몸속으로 커피를 한꺼번에 왈칵왈칵 침투하게 허락하는 날이면 배에서 신호가 왔었기 때문에 한 모금씩 천천히 오랜 시간을 두고 카페인을 맞이해야 했다. 카페라테도 이 지경인데 아메리카노는 엄두도 못 냈고, 에스프레소는 내가 닿을 수 없는 저 미지의 세계에 있었다. 그렇게 나는 커피와는 좀처럼 가까워지지 못했다. 그렇다고 실망하거나 속상할 이유는 없었다. 커피를 꼭 마셔야 할 이유도 없었기 때문이다.

그러던 내가 지금은 커피가 너무 마시고 싶어 집을 박차고 나가기도 하고 부엌 찬장에 인스턴트커피가 떨어지지 않게 항상 체크를 하고 있다. 내 몸이 카페인을 필요로 하기 시작한 것이다. 임신했을 때 육아 선배들은 1년만 힘들면 된다고 했다. 그래 그까짓 1년 참아보자 했다. 열심히 놀아주고, 이유식도 만들고, 씻기고, 재우면서 내 몸은 뒷전으로 생각하고 아이만 보았다. 그렇게 애지중지 1년을 키운 아이가 돌이 지나면서 걷기 시작했다.

==그런데 이럴 수가! 더 힘들어지다니!==
==누가 1년만 고생하면 된다고 했는가==

이제 좀 편해지나 했는데 그게 아니었다. 당황한 나는 친구들한테 연락을 했다. 처음 별말 없던 친구들이 저마다 이제야 3년까지는 힘들다고 이실직고를 하는 것이었다. 그리고 돌에서 두 돌까지가 제일 힘들다고 했다. 마음의 준비를 하지 않은 채 어퍼컷을 맞은 것 같았다. 생전 눈물 한 방울 잘 흘리지 않고, 몇 달 야근도 견디어 냈던 나인데, 아이를 낳고 나서 처음 눈물을 흘렸다. 너무 힘들었다. 걷기 시작한 아이는 넘어질 듯 아슬아슬하게 온 집안을 돌아다니는 바람에 계속 쫓아다녀야 했고, 아니면 안아 달라고 내 다리에 매달려 칭얼거렸으며 심지어 밥을 먹을 때는 5분도 제자리에 앉아있지 않았다. 매일매일이 극기 훈련이었다. 나는 아이가 낮잠을 잘 때 겨우 밥을 먹었다. 이 시기에 정체기로 들어선 내 몸무게가 빠졌다. 잠이 쏟아지고 몸이 힘들지만 잘 수도, 잠깐 누워 쉴 수도 없었다. 그렇게 힘든 나날이 계속되자 난 커피의 힘을 빌리기 시작했다. 그제야 왜 사람들이 출근해서 커피를 한 사발 꼭 마셔야 한다고 했는지 알 수 있을 것 같았다. 역시 사람은 직접 경험해 봐야 정확히 타인을 이해할 수 있다. 거의 매일 나는 커피로 나의 심신을 달래 주었다. 그나마 16개월이 지나면서 혼자 놀기도 하고 매달리는 횟수도 줄어들게 되었지만 커피는 육아에 없어서는 안 될 필수 아이템이 되어 버렸다.

커피의 향기를 맡으면 기분이 좋아지고
커피로 입안을 적시면 기운이 나고
커피를 천천히 음미하며 마실 때면
세상의 평화가 온 기분이다
커피야, 고마워

〈커피를 맛있게 마시는 방법〉

#아기 낮잠 시간에 마시기
#육회녹 마시기
#예쁜 찻잔에 마시기

육아
2인조

엄마가 되니
엄마가 더 애틋해졌다

내가 처음 기억하는 엄마에 관한 기억은 엄마의 음성이다. 나는 엄마의 품에 안겨서 대관람차를 타고 높이 올라갔고, 아래를 내려다보면서 엄마가 나에게 했던 말이 기억난다(아쉽게도 그 대관람차는 2012년 운행을 중지했다).

"저 아래 우리 집이 있어."

당시 우리 집은 어린이 대공원 근처였고, 나는 아직 돌이 되지 않았었다. 이것이 내 생애 첫 기억이면서 엄마에 대한 첫 기억이다. 그 이후에는 항상 부엌에서 음식을 만드시는 뒷모습만 거의 떠오른다. 음식 솜씨가 좋으셔서 난 항상 밥을 많이 먹었다. 그래서 학창 시절 내내 통통함을 유지했다. 그리고 초등학교 때는 하교 후 자주 친구들과 우리 집에 와서 엄마가 해주시는 간식을 먹으며 놀았던 기억이 난다. 지금도 초등학교 시절 친구들은 엄마가 해주시던 간식들을 이야기하곤 한다. 또 하나 인상 깊었던 기억은 박경리의 《토지》를 1권씩 사서 다 읽으셨던 모습이다. 전권이 20권 정도였으니 엄마의 책 읽는 모습을 꽤 오래 보았던 것 같다.

내가 성인이 되면서 우리 부모님은 아빠의 고향으로 내려가셔서 자리를 잡으셨다. 아빠의 고향이지만 엄마도 중학교 시절을 보낸 곳이라 엄마에게 낯설지는 않은 곳이었다. 그래서 나는 20살이 되자 생각지도 못하게 독립하게 되었다. 기숙사에도 살아보고, 친척 언니들과도 살아보고, 하숙집도 들어가보고, 친구들과도 살아보고, 혼자서도 살아봤다. 이사를 많이 다녀서 내 주민등록증 뒷면이 변경된 주소지로 꽉 차게 될 정도였다. 이사는 매번 엄마와 나 둘이서 했다. 순식간에 이삿짐을 싸고, 옮기고, 풀고, 정리했다.

==우리는 매우 손발이 잘 맞는 2인조였지만
나는 엄마에 비하면 하는 일이 없어 보였다
나는 엄마의 빠른 손놀림과
강인한 체력에 감탄을 하곤 했다==

혼자 서울 생활을 하는 딸을 위해 때가 되면 반찬거리가 떨어지지 않게 냉장고에 넣어 주시고, 친구들과 함께 살 때는 고구마 1박스씩을 보내 주시고(그때 밤마다 고구마를 구워 먹고 참을 수 없는 가스 방출로 인해 친구들과의 우정이 더 돈독해졌다), 내 눈에는 보이지 않는 먼지도 치워 주셨다.

나는 엄마들은 다 이렇게 해주는 줄 알았다. 하지만 주위를 둘러봐도 우리 엄마처럼 살뜰하게 딸을 챙겨주는 모습은 보지 못한 것 같다. 우리 외할머니는 내가 엄마 배 속에 있을 때 돌아가셨다. 엄마가 외할머니와 보낸 시간이 너무 적고 애틋해서 나한테 더 많은 애정을 쏟고 계시는 것이 아닐까 하는 생각을 했다. 그런 생각이 들 때면 외할머니의 사랑을 내가 대신 드릴 수 있으면 좋겠다는 생각이 들었다. 물론 부모의 자식 사랑을 감히 자식이 흉내 낼 수도 없다. 아기를 낳고 보니 더 그런 생각이 든다.

내가 아기를 낳고 산후조리원에 들어갔다 온 2주, 시어머니께서 올라와서 아기와 나를 돌봐 주신 4주의 시간 이후부터 우리 엄마는 매주 3박 4일을 진주에서 서울로 올라오셔서 지내셨다. 손녀가 돌이 될 때까지 매주 오셨다. 사실 너무 힘드니 오지 마시라고 말씀드려야겠다는 생각은 계속 들었지만 너무 힘들어서 차마 목구멍으로 말이 나오지 않았다.

새벽에도 아기에게 분유를 먹여야 하니 처음은 엄마가 주무시고 다음은 내가 잠을 자는 식으로 교대로 아기에게 분유를 먹였다. 엄마와 나는 이삿짐 싸기 2인조에서 아기 키우는 2인조가 되었다. 나는 엄마가 도와주어도 힘든데 엄마는 도대체 혼자서 아이 둘을 어떻게 키우셨을까? 외할머니도 안 계시고 도와줄 사람 하나 없는데 말이다. 나는 엄마가 있어서 정말 다행이라고 느꼈다. 정말 이것보다 감사할 일이 없다.

그렇게 매주 서울을 오가던 어느 날 엄마의 건강에 이상 신호가 왔다. 갑자기 길을 걷다가 1초 정도 암전이 된 것 같은 느낌을 받았다고 하셨다. 엄마 연세에 새벽에 잠을 편히 못 주무시고 매주 진주에서 서울까지 왔다 갔다 하셨으니, 건강에 이상이 생기는 것이 당연했다. 때마침 종합 검진을 받으시는 시기가 와서 검진을 받고, 뇌 MRI(Magnetic Resonance Imaging)를 찍으셨다. 다행히 큰 이상은 없고 과로 때문인 것으로 결과가 나왔다. 죄송한 마음뿐이었다.

==아기를 낳은 것은 나이고, 내가 힘든 것은 당연한데 엄마까지 힘들게 하는 것이 맞나 싶었다==

내 기억 속에는 엄마가 아파서 누워 계신 모습이 없다. 아픈 것은 항상 나였다. 하지만 최근 들어 기침이 오래가고, 체하시거나 감기 기운이 있으신 날이 생기면서 '엄마도 나이가 드셨구나'라는 생각이 들었다.

그 이후로 엄마는 밤에 푹 주무시도록 했다. 머무시는 기간도 3박 4일에서 2박 3일로 줄이고, 2주에 한 번씩 오시는 것으로 바꿔 나갔다. 두 돌이 가까워지는 지금도 엄마는 자주 오신다. 우리 식구가 먹을 음식을 한가득 가져오시면서도 힘든 기색 하나 없으시다. 이제는 손녀가 너무 보고 싶어서 오랫동안 서울에 오지 않을 수 없다고 하신다.

==우리 아기가 이렇게 사랑 많은 할머니를 만난 것은 정말 행운이다==

나의 버킷 리스트 중 하나는 엄마와의 해외여행이었다. 다행히도 결혼 전에 그 목표는 달성했다. 지금은 또 다른 버킷 리스트가 생겼다. 엄마와 나 그리고 우리 아기가 무럭무럭 자라서 셋이 함께 해외여행을 가는 것이다. 또 하나는 앞으로 엄마에 대한 기억을 더 많이 남기는 것이다. 희미해지는 기억은 잊어버리지 않게 기록해 놓고, 앞으로 만들 기억도 부지런히 보관해 놓고 싶다.

나에게 우리 엄마는
해결사고, 수호천사고, 베스트 프렌드다
나도 우리 아기에게 그런 엄마가 되고 싶다

내 친구는 어디에

결혼과 육아는
친구 관계에 쉼표를 찍게 만든다

나는 34살 여름에 결혼했다. 30살이 되기 전까지는 결혼해야 된다는 생각은 눈곱만큼도 없었고, 30살이 넘어서는 직장 생활이 어느 정도 안정되고 경제적으로도 좀 더 넉넉해지면서 더욱더 내 생활을 즐기느라 결혼은 남의 이야기였다. 직장 생활은 타이트했지만 나는 시간이 나는 대로 여행을 다니기 바빴다.

 내가 정신없이 여행을 다니는 사이에 결혼을 하고 아기를 낳는 친구들이 하나씩 늘어났지만 전혀 위기감을 느끼지는 못했다. 솔직히 친구들의 결혼 후의 삶에 관심이 가지 않았다. 또, 비혼인 친구들이 많이 생기면서 그들과 보내는 시간이 많아졌다. 내 주변의 비혼인 친구들은 배우자를 찾으려 소개팅을 열심히 하는 스타일도 아니었다. 그렇다고 대놓고 독신주의라고 말하는 사람도 없었다. 또 남의 연애나 결혼을 시기나 질투를 하는 심보를 가진 사람도 없었다. 그냥 자연스러운 만남을 기대하면서 자신의 생활을 충분히 즐기고 있었다.

그리고 우리 사이에는 암묵적인 연대감이 있었다

그러던 어느 날 내가 비혼인 친구들에게 결혼을 한다고 했을 때 적잖이 아쉬워하는 친구들이 많았다.
"네가 결혼을 할 줄이야…"
친구들은 메르스 바이러스 발생과 지방 결혼식이라는 어마어마한 장애물을 뚫고 결혼식에 참석하여 나의 결혼을 진심으로 축하해 주었다.

그런데 그때까지 앞으로 우리들의 관계가 어떻게 변화될지 미처 알지 못했다. 그 후 시간이 흘러 비혼인 친구들은 여전히 비혼이었지만 나는 아이를 낳고 육아에 허덕이게 되었다. 그러면서 친구들과의 연락도 만남도 뜸해졌다.

==내가 결혼을 하면서 우리의 카테고리가 기혼자와 비혼자로 분리된 것이다==

물론 처음에는 나도 친구들도 못 느꼈다. 그동안 추억을 쌓아오면서 연결된 수많은 연결선 중 '비혼'이라는 연결선은 고작 하나의 선이었다. 하지만 그 선이 가장 강력하다는 것을 시간이 지나면서 느끼게 되었다. 결혼식 이후 나는 내 삶에 집중하게 되고 게다가 아이까지 낳게 되면서 비혼인 친구들의 세계와는 점점 멀어지게 되었다. 함께 다니던 여행도, 퇴근 후 수다도 난 참석할 수가 없었다. 내가 기혼자가 되고 보니 비혼인 친구들의 형체는 사라지지 않았으나 우리가 함께하는 세계는 사라지고 있었다. 그것도 급속도로 말이다.

반면 이미 아기를 낳고 기르고 있는 친구들의 삶이 내 눈에 들어왔다. 내가 아기를 낳고 키우면서 그 친구들에게 미안하다는 생각이 들었다. 임신이며, 출산이며, 백일, 돌 등 축하해 줘야 할 시간을 내가 제대로 챙겨준 친구가 거의 없었다. 사실 무엇을 해 줘야 할지도 알지 못했다. 결혼식에서 출산까지는 그나마 연락도 하고 만나고 아기도 보러 가고는 했지만, 그 이후에는 연락이 뜸해지게 되었다. 나보다 먼저 결혼한 친구들과 연결되었던 세계가 점점 사라지고 있다는 것을 그 당시에는 깨닫지 못했던 것 같다. 아기를 낳고 육아를 시작하게 되면 친구들에게 예전처럼 연락하기가 어려워진다는 것을 알지 못했다.

==사람은 누구나 자신의 삶에 집중하고==
==자신의 경험을 토대로 세상을 본다==
==지금 나는 나보다 먼저 엄마가 된 친구들의 삶과==
==그들을 지켜본 삶의 교차점에 서 있는 기분이다==

　시간이 더 지나게 되면 나와 내 친구들은 어디에 있을까? 정신없는 육아의 시간이 지나가면 우리의 세계가 다시 강하게 연결될 수 있을까? 아마 누군가는 떠나가고 누군가는 같은 세계로 들어와 있을 것이다. 내가 그랬던 것처럼 말이다.

너의 무한한 가능성을
응원해

혹시 아이들의 생각의 공간에
울타리를 치고 있지는 않나요?

아래의 이야기를 읽어보고 바로 떠오르는 생각이 무엇인가?

> 한 아이가 교통사고로 응급실에 실려 왔다. 아이의 아버지는 아이가 교통사고를 당했다는 연락을 받고 병원으로 가고 있었다. 아이는 수술을 받기 위해 수술실로 들어가고 있었는데, 수술을 맡게 된 의사는 아이를 보고 깜짝 놀라지 않을 수 없었다. 왜냐하면 자신의 아이였기 때문이다.

아이의 아버지는 연락을 받고 병원으로 오고 있다고 했는데, 수술을 맡게 된 의사도 자기 아이라니 '누가 진짜 아버지지?', '병원에서 잘못 연락한 걸까?' 이 이야기를 듣고 순간적으로 처음 떠오르는 생각이었다. 하지만 이내 '아차!'라는 생각이 들었고 의사가 아이의 어머니라는 사실을 깨달았다. 이 이야기를 언제 어떻게 듣게(혹은 읽게) 되었는지는 기억나지 않지만 그때 내가 느꼈던 충격은 아직도 생생하다. 나도 모르게 의사는 남자라는 고정 관념이 내 머릿속에 자리 잡고 있었던 것이었다. 직업에 대한 성 고정 관념뿐만 아니라 여자라면, 남자라면 어떠해야 한다는 편견들은 우리 사회 곳곳에서 쉽게 찾아볼 수 있다.

성 고정 관념을 만드는 일등 공신은 TV 프로그램, 광고, 애니메이션, 게임, 책 등 우리를 둘러싸고 있는 미디어이다. 착하고 희생적이고 가난한 드라마 여주인공은 그에 대한 상이라도 받는 듯이 백마 탄 왕자와 만나게 되고(똑똑하고 전문적 직업을 가진 여주인공이라고 할지라도 마찬가지다), 게임이나 애니메이션(심지어 아이들 대상의 애니메이션도 예외는 아니다) 여성 캐릭터는 풍만한 가슴에 잘록한 허리, 큰 엉덩이는 기본이며 이를 부각하는 옷을 입고 있다. 또, 여성 캐릭터는 도전적이고 적극적인 남성 캐릭터에 비해 수동적으로 나오는 경우가 많다. 이러다 보니 임신하고 딸이라는 사실을 알게 된 순간부터 나에게는 고민이 하나 생기게 되었다. 세상에 뿌리박힌 성 고정 관념과 특정 성이라는 이유로 받아야 하는 제약과 차별 속에서 내 딸을 어떻게 키워야 할지 걱정되었기 때문이다(물론 아들이어도 이런 고민을 했을 것이지만 딸이기에 더 고민이 되는 건 사실이다. 하지만 성에 대한 올바른 관념을 가져야 하는 것은 남자아이라고 달라지는 않는다).

《부모공부》(고영성 저, 스마트북스)라는 책에서는 성 고정 관념은 사회 문화와 부모의 양육 방식에 의해 만들어진 것이라는 것을 보여주는 연구 사례들이 나온다. 스탠퍼드 대학의 엘리너 맥코비와 캐럴 재클린 교수는 남녀를 비교하는 1,500개 이상의 연구를 분석하였는데, 그 결과 성 차이는 거의 없는 것으로 나타났다. 물론 몇 가지 영역에서 성 차이가 있다고 하였지만 그 차이는 매우 사소하다고 하였다. 하지만 아이들은 만 2세만 되어도 성 역할을 뚜렷하게 인식한다고 한다. 사회 문화와 양육 방식이 아이들에게 성 고정 관념을 만들어 주고 있는 것이다. 나는 그러고 싶지 않다.

우리 딸이 성 고정 관념에 갇혀 생각의 공간을 작게 만들도록 하고 싶지 않다

그러기 위해서 우선 내가 할 수 있는 일은 집안에서부터의 교육이라고 생각했다. 혹시 여성이라는 틀 속에 우리 딸을 놓고 교육하지 않도록 말과 행동을 조심하도록 노력했다. 그림책이며 장난감에서 무의식적으로 습득될 수 있는 성 고정 관념에 대해서도 민감해졌다. 민감한 눈으로 바라보니 매우 많은 부분이 눈에 띄었다. 백설 공주, 인어 공주, 신데렐라 등이 나오는 고전 동화인 공주 시리즈는 말할 것도 없고, 국내 유명 캐릭터 만화 및 책에서도 성 고정 관념이 드러난 장면이 수없이 많았다. 예를 들어, 유명 캐릭터 책에서는 여성 캐릭터들은 남자 캐릭터들이 공놀이를 하는 모습을 먼발치에서 구경하고 있는 장면이 나온다. 또, 어떤 유아 스티커 북에서는 16가지 직업이 나오는데 간호사를 제외하고는 모두 남자로 구성되어 있었다.

나는 그림책을 보다가 성 고정 관념을 학습할 수 있는 장면들이 나오면 이야기를 다르게 바꿔서 말해준다. 공주라는 단어도 사용을 지양한다. '예쁘다', '귀엽다'라는 표현과 함께 '멋지다', '건강하다', '튼튼하다', '용감하다' 등의 단어를 쓰려고 노력한다. 외모보다는 행동에 초점을 맞춘다. 평소에는 내 딸에게 무엇인가를 사주거나 해주려고 할 때 아들이었어도 이렇게 할 것인지, 다시 한번 생각한다. 또, 다양한 색깔과 다양한 디자인의 옷을 입힌다. 뛰어놀게 하고 도전하게 한다.

하지만 나도 성 고정 관념에 갇힌 생각을 하거나 말들을 할 때도 많다. 두 돌도 안 된 아이를 보면서 커서 예쁘고 날씬했으면 좋겠다는 생각을 하고, 물건을 고를 때 분홍색을 우선적으로 생각해 보며, "여자아이라서 그런가 봐요."라는 말을 하기도 한다. 아마 우리 딸이 커서 축구 선수가 된다고 하거나 카레이서가 된다고 하면 솔직히 좋아하지는 않을 것 같다. 이미 오랜 시간 동안 체화된 성 고정 관념이 만연한 문화 양식에서 완전히 자유롭기란 여간 힘든 일이 아니다. 무엇인가를 바꿔 나가려고 하면 많은 에너지가 필요하다. 반면 기존 체제에 순응하면 안전하고 편안하게 살 수 있다. 혹은 그 체제를 이용해서 더 잘 살 수도 있다.

==하지만 아이에게 도전하고 꿈꾸는 것 대신 순응하고 적응하는 방법을 가르쳐 주기는 싫다==

우리 딸이 점점 자라게 되면서 나도 해야 할 일이 더 많아질 것이다. 미디어는 여전히 성 고정 관념으로 가득 차 있기 때문이다. 성 고정 관념은 여자아이들뿐만 아니라 남자아이들에게도 도움이 되지 않는다. 아이들의 무한한 가능성을 위해서 힘들더라도 지속적으로 미디어를 모니터링하는 것이 모든 부모의 의무이지 않을까 싶다.

버지니아 울프는 그녀의 책인 《자기만의 방》에서 사람의 내면은 남성성과 여성성이 모두 존재하며 두 영역이 함께 조화를 이룰 때 정상적이고 평안한 상태를 이룬다고 하였다. 이분적으로 남성성과 여성성을 나누기보다는 양성적인 마음을 지향해야 한다는 것이다. 나도 아이에게 남자는 남자답게, 여자는 여자답게가 아니라 '나답게' 살아가는 방법을 알려주고 싶다.

추천하고 싶은 성평등 계열 그림책

- ☑ 《종이 봉지 공주》 로버트 문치 글, 마이클 마첸코 그림
- ☑ 《돼지책》 앤서니 브라운 글/그림
- ☑ 《나는 여자아이 뭐든지 할 수 있지》
  카릴 하트 글, 알리 파이 그림
- ☑ 《내 멋대로 공주》 베빗 콜 글/그림
- ☑ 《과학자 에이다의 대단한 말썽》
  안드레아 비티 글, 데이비드 로버츠 그림
- ☑ 《올리버 버튼은 계집애래요》 토미 드 파올라 글/그림
- ☑ 《산타할머니》 진수경 글/그림
- ☑ 《서연이의 페미니즘 다이어리》 김고연주 글, 김다정 그림
- ☑ 《나는 여자예요!》 야스민 이스마일 글/그림

추천하고 싶은 성평등 교육 서비스

- ☑ 도서 큐레이션 서비스 우따따(https://wooddadda.com)
  성평등 가이드라인에 맞춰 그림책을 선별하여 워크북과 함께 정기 배송하는 서비스를 제공하고 있다.

마음공부가 필요합니다

육아의 길은
수행의 길

처음에는 아기를 잘 키워보자는 마음으로 육아책을 읽기 시작했다. 그런데 여러 책을 읽으면 읽을수록 신기하게 나 자신을 돌아보게 되는 것이었다. 마치 나 자신을 공부하게 하는 철학책을 읽는 느낌이었다. 게다가 나의 부모, 나와 부모의 관계까지도 생각해 보게 되었다. 그 어떤 철학책보다 마음에 와닿았다. 그리고 대부분의 육아책에서 공통적으로 말하는 것이 있었다.

<mark>그것은 아이를 키우는 일이 나를 키우는 일이며
내 감정을 다스리고 인내가 필요한 일이라는 것이다</mark>

　아마 지금 육아 중인 부모들은 고개를 끄덕거릴 것이다. 육아책을 읽고 또 실제로 육아를 하다 보니 육아의 길은 수행의 길이라는 생각이 들었다.
　내가 읽은 육아책 중 가장 인상 깊었던 글들이 담겨 있던 몇 권을 소개하고 싶다. 법륜 스님이 쓰신 《엄마 수업》이라는 책 서문에 이런 글이 나온다.

스스로 자신을 돌아보고 다른 사람과 같이 맞춰 살 마음의 준비가 덜 됐다 싶으면 결혼할 생각을 하지 않는 게 좋아요. 그래도 꼭 결혼하고 싶으면 결혼은 하더라도 자식을 안 낳는 게 좋습니다. 만약 자식을 낳겠다고 결심했다면 정말 그 아이를 위해서 노력해야 합니다. 그 아이가 건강하게 자라서 행복해질 수 있도록 하는 게 자식에 대한 부모의 의무예요. 그렇지 않으면 장난감을 가지고 놀든지 강아지를 사서 키우며 놀면 돼요. 남들 다 한다고 나도 따라 자식을 낳아서 왜 불행하게 합니까?[1]

---

[1] 법륜, 《엄마 수업》, 휴(休), 2011, 15쪽

법륜 스님은 아이를 낳아서 키우기 위해서는 가정이 화목해야 하고(부부 사이가 좋아야 하는 것), 아이를 건강하고 행복하게 자라게 해야 한다는 책임감을 꼭 지녀야 한다고 말한다. 부모의 사이가 좋지 않은 집은 아이가 정서적으로 안정될 수 없다. 부모의 눈치를 봐야 하고 언제 또 싸울까 불안해하며, 폭력이라도 휘두르게 되면 지울 수 없는 상처를 갖게 된다.

법륜 스님의 또 다른 책인 《스님의 주례사》를 보면 결혼 생활에 대한 고민과 그에 따른 조언들이 나와 있다. 결혼은 이득을 보자고 하는 것이 아닌데 상대방을 만나 이득을 보겠다는 욕심으로 결혼을 하는 경우가 많다 보니 결혼 후에 조금이라도 내가 희생을 해야 하거나 양보를 해야 할 때 갈등이 생긴다고 한다. 결혼을 준비하면서 1년에 여행은 몇 번을 가고, 집은 언제 사고, 차는 어떻게 하고, 가계는 어떻게 꾸릴지에 대한 상의는 하면서 어떤 가치관으로 인생을 살고, 자식 교육관은 어떻게 가질 것인지에 대한 깊은 대화는 몇 번이나 했을까? 나 역시 정말 중요한 부분을 간과했던 것 같다. 사실 상대방에게 정확하게 말할 수 있을 정도로 내 인생의 가치관이나 자녀 교육관이 확고하지도 않았다.

아이가 행복하게 자라기 위해서는 부부간의 존중과 배려로 화목한 가정이 기본이 되어야 한다는 것만은 내 경험으로 봤을 때도 확실하다. 성인이 되어서는 대부분의 부모가 아이들이 보는 앞에서 싸운다는 사실을 알고 '다들 그렇게 사는구나…'라고 위로를 했지만 어린 시절 나에게는 우울한 일이었다. 부모가 행복하지 않으면 아이들도 행복할 수가 없고 세상에 나갈 힘도 없어진다. 부부간의 갈등이 없는 100% 완벽한 가정 환경은 드물겠지만 부부간의 갈등 상황은 최대한 지혜롭게 해결하며 아이들에게 노출하지 않는 것이 좋은 것 같다.

아이를 낳기 위해서는 어떤 가정을 꾸리고 어떤 부모가 되어야겠다는 생각을 깊이 한 후 아이를 낳아야 한다. 특히, 엄마(또는 주 양육자)의 마음가짐이 무엇보다도 중요하다. 그래서 법륜 스님은 아래와 같은 말씀도 하셨다.

> 특히 여자는 자식을 낳고서도 혼자 몸일 때와 같은 연약한 여자의 심성으로 살면 자식을 잘 키울 수 없습니다. 이런저런 자극에 흔들리며 불안해하고, 자기 마음대로 안 된다고 성질내던 내 습관대로 아이를 키우면, 아이도 엄마처럼 불안정하고 분노가 많은 사람이 됩니다. 아이가 건강하고 심리적으로 안정되고 행복하려면 먼저 엄마부터 마음의 중심을 잡아야 합니다.[2]

어린아이에게 엄마는 신과 같은 존재이다. 아이가 가장 애착을 가지는 사람인 엄마(또는 주 양육자)의 감정은 아이 양육에 가장 큰 영향을 준다. 그래서 나 자신이 어떤 사람인지를 먼저 돌아봐야 한다는 것이다. 내가 어떤 심리 상태에 있고 어떤 성격의 사람인지 파악해서, 아이에게 나쁜 영향을 줄 수 있는 부분은 조절하고 개선하여,

---

[2] 법륜, 《엄마 수업》, 휴(休), 2011, 15쪽

아이가 엄마를 중심으로 삼고 세상으로 나아갈 수 있도록 해야 한다. 엄마가 되는 길은 정말 수행의 길이 아닐 수 없다.

> 아이를 낳는 일보다 기르는 게
> 더 힘들다는 말에 백번 공감이 간다
> 나조차도 흠이 많고 부족한 사람인데
> 한 아이를 키우려고 하니 여간 어려운 일이 아니다

또한, 엄마(또는 주 양육자)의 태도는 아이와의 애착과 직접 연결된다. 최근 애착에 대한 중요성이 대두되면서 이와 관련된 서적도 많이 출시되었는데 그중 《0~5세 애착 육아의 기적》(이보연 저, 위즈덤하우스)이라는 책에서는 '애착'이 얼마나 중요한지 여러 사례를 들어 알기 쉽게 설명해 주고 있었다. 또, 자녀와의 애착 형성에 가장 결정적인 역할을 담당하는 요소는 바로 '부모 자신이 경험한 애착'이라고 말한다.

언젠가 TV에서 중년의 여성 연예인이 나와서 자신은 부모한테 사랑을 받지 못했는데 내 딸은 내가 사랑해주니까 딸에게 질투가 난다고 말하는 것을 본 적이 있다. '이런 마음으로 그 연예인은 딸과 좋은 애착을 형성할 수 있었을까?', '과연 딸을 사랑해주고 있는 것일까?'라는 생각이 들었다. 이 연예인은 부모로부터 잘못된 애착을 경험을 했는데 잘못된 애착의 대물림을 끊지 못하고 딸과 잘못된 애착을 형성하고 있을 가능성이 클 것 같다.

《0~5세 애착 육아의 기적》 책에서는 잘못된 애착의 대물림을 끊기 위해서는 부모의 '공감 능력'과 '자기 성찰 능력'이 필요하다고 말한다.

공감 능력은 자신의 어린 시절에 부모로부터 느꼈던 부정적 감정을 되돌아보고, 내 아이도 부정적 감정을 느낄 수 있다고 공감하는 것을 말한다. 우리가 일상에서 아무 생각 없이 쉽게 내뱉었던 말들에서 아이가 상처를 받을 수 있다는 것을 인지하는 능력이 필요하다.

자기 성찰 능력은 자신의 경험에만 의존한 세계가 아니라 다른 시각으로 세계를 보고 자신의 내면까지도 볼 수 있는 능력을 말한다. 대부분의 부모는 내 아이가 어떤 아이인지 파악하는 데 집중한다. 하지만 이 책에서는 그보다 먼저 나 자신이 어떤 기질의 사람인지를 생각해 보는 것이 중요하다고 말한다. 이런 점은 아이를 낳기 전에는 생각지도 못했던 부분이었다. 자기 성찰은 앞서 법륜 스님도 말한 바와 같이, 아이를 키우는 시간 동안 끊임없이 해야 할 과제라고 생각한다. 먼저 자신을 돌아보고 나 자신을 이해해야 한다. 나 자신을 완벽히 알기에는 많은 시간과 연습이 필요하다. 그런데 갑자기 자기 성찰을 하려고 하니 막연할 수밖에 없다. 성찰을 위해서는 명상과 독서가 가장 좋다고 생각한다. 그런데 명상은 막상 하려고 하면 온갖 생각이 나서 자신에게 집중하기가 매우 어렵다. 아마 진정한 명상은 끊임없이 연습한 고도의 수행자만이 할 수 있는 것일지 모르겠다. 그나마 좀 더 쉬운 방법은 독서이지 않을까 싶다. 특히 육아책을 읽으면 직접적으로 나와 아이에 대해 탐구할 수 있어 좋다. 그래서 계속해서 육아책에 관심을 가지고 읽어봐야겠다는 생각이 든다.

==육아를 하면서 항상 기억해야 할 것은 아이를 볼 때 나를 돌아봐야 된다는 것이다==

꽃으로도 때리지 마세요

진정한 훈육 방법을
공부할 시기입니다

크고 검은 손이 세차게 내 뺨을 내려쳤다. '짜~악!' 순간 나는 휘청했다. 놀란 가슴에 심장은 빠르게 뛰었고 눈에서 눈물이 펑펑 쏟아졌다. 그때 나는 12살이었고 그날은 학교 운동장에서 체력장이 있던 날이었다. 내 뺨을 때린 사람은 다른 반 남자 선생님이었는데 내가 맞은 이유는 공을 던질 때 선을 밟아서였다. 그 선생님은 이미 학생들 사이에서 체벌로 유명한 사람이었다. 이미 여러 차례 아이들이 선을 밟았고 내가 선을 밟았을 때 그 선생님의 감정이 폭발했던 것 같다. 어른이 되어 그날의 일이 떠오를 때면 그가 한 행동은 훈육이 아닌 폭력이었다는 생각이 든다. 지금도 그날의 기억이 뚜렷하고 그때 느꼈던 감정이 아직도 생생하다. 집에서는 체벌 없이 자랐기 때문에 더욱 충격적이었던 것 같다. 그날이 생각날 때면 그 선생님을 찾아가서 한마디 해주고 싶다는 생각이 든다. 당신은 왜 선생님이 되었나요? 수많은 아이의 마음에 상처를 낸 것을 알고 있나요?

 '꽃으로도 아이들을 때리지 마라'는 유명한 말이 있다. 어떠한 상황이라도, 어떠한 이유라도 아이들을 때리는 것은 용납될 수 없다는 뜻일 것이다.
 나도 육아를 하면서 훈육에 대한 고민을 하게 되는 시기가 찾아왔었다. 절대 체벌은 하지 않겠다고 생각했지만 순간순간 꿀밤이라도 때리고 싶은 마음이 울컥 올라오기도 했다. 그러다가 훈육은 어떻게 해야 하는지, 전문가들의 의견을 알아보기 위해 훈육 관련 책을 찾아보게 되었다. 그중 가장 인상 깊었던 책은 《따뜻하고 단단한 훈육》(이임숙 저, 카시오페아)이라는 책이다. 이 책의 저자는 먼저 '훈육이라고 하면 어떤 이미지가 떠오르는가?'라는 질문을 한다. 내 머

릿속에는 무섭게 화를 내거나 체벌을 가하는 어른들의 모습이 그려졌다. 그런데 훈육은 그런 것이 아니었다. 저자가 말한 훈육이란 아이의 마음을 살피면서 단단한 어조로 아이가 잘못을 깨달을 수 있도록 가르치는 것이라고 하였다.

훈육이라는 것을 차갑고 냉정하게 해야 하는 것인 줄 알았는데 그것이 아니라는 것을 깨닫는 순간 정말 다행이라는 생각이 들었다. 하마터면 나도 내 아이에게 잘못된 훈육을 행할 수 있었기 때문이었다.

학교나 집에서 행해지는 체벌에 대한 논란은 지금도 계속되고 있다. 개인적으로는 체벌을 반대한다. 체벌을 행하는 사람의 감정은 격앙된 상태이고, 체벌을 당하는 아이들은 문제행동에 대한 반성보다는 단순히 그 상황에 공포를 느끼고 굴복하는 경우가 대부분이기 때문이다. 체벌을 가하는 입장에서는 '말로 해서는 안 듣는다'는 이유를 대지만 과연 체벌을 가하면 문제 행동이 정말 변화되는지 생각해 봐야 한다.

《소리치지 않고 때리지 않고 아이를 변화시키는 훈육법》(제리 와이코프&바버라 유넬 저, 시공사)이라는 책에서도 체벌의 위험성에 대해 경고하고 있다. 체벌을 하는 양육 환경에서 자라는 아이들은 집중력, 자제력이 부족하고, 도덕성이 발달하지 못한다고 하였다.

> 그동안 우리는 체벌을
> 훈육의 한 방법으로 통념처럼 생각해 왔다
> 이제는 그 고리를 끊어야 할 시대가 아닌가 싶다

제대로 된 훈육을 하기 위해서, 그리고 예방적 훈육을 위해 부모 공부가 필요하다. 어느 책에서 '체벌을 통해서 아이들은 진정한 깨달음을 얻을 수 없고, 언젠가 복수하겠다는 마음이 자라게 된다'는 글을 보고 섬뜩했었다. 왜냐하면 손찌검을 당한 12살 아이의 마음속에도 복수심이 피어났었다는 것을, 그리고 지금까지도 마음속 깊은 곳에 작게나마 자리 잡고 있다는 것을 나는 잘 알고 있기 때문이다. 나는 내 아이가 부모를 향해 복수하는 마음을 가지게 하고 싶지 않다. 그건 너무도 끔찍한 일이다. 아이들이 가정이나 학교에서 체벌이라는 이름 아래 폭력의 정당화를 체득하지 않도록 제대로 된 훈육 방법에 대한 고민이 필요하다.

좋은 것만 먹이고 싶은 엄마 마음

우리 가족이 먹는 음식에 대해
알고 선택할 권리를 지키고 싶어요

봉준호 감독이 만든 영화 〈옥자〉는 최근 나의 관심사인 유전자 조작 식품(Genetically Modified Organism, 이하 GMO)[3]에 관한 내용을 다룬다. 영화 속 장면 중 'GM 돼지(유전자 변형 돼지)'를 생산 도축 판매하는 글로벌 기업 대표가 GM 돼지와 관련하여 소란스러운 사건들이 일어났지만 걱정 없다는 듯 '싸고 맛있으면 사람들은 먹는다'고 말한다. 그 대사를 듣는 순간 나는 속내를 들킨 듯 화들짝 놀랐다. 사람들은 포장된 돼지고기를 만날 뿐 그 돼지가 어떻게 만들어졌고 어떻게 정육 되는지는 관심이 없는 현실을 꼬집고 있었기 때문이다. 봉준호 감독은 〈옥자〉를 통해 우리 식탁이 어떻게 꾸려지고 있는지, 그리고 이윤만을 추구하는 부도덕한 기업들이 우리의 식탁을 어떻게 점령하고 있는지에 대해 생각해 보자고 말하고 싶었던 것이 아니었을까 생각된다.

---

[3] GMO란 농산물의 생산량을 높이거나 유통과 가공에서 편의를 위해 유전 공학 기술을 이용하여 형질을 전환시킨 품종을 만들어 내는 것을 말한다.

==우리 식탁에는 아직 '옥자'가 올려지지는 않고 있지만==
==우리는 GMO 사료를 먹은==
==또 다른 형태의 '옥자'를 먹고 있다==

나는 GMO를 알고 있기는 했지만 내 아이에게 음식을 주기 전까지는 관심이 없었다. 아이에게 좋은 것만 주고 싶은 마음에 음식 재료를 살 때 유기농, 무농약 등 인증 마크를 확인하기 시작했고 그 관심은 GMO까지 확대되었다. 그런데 GMO 관련 기사를 찾아보고 책을 읽기 시작하면서 내가 느낀 감정은 무력감이었다. 현재 내가 먹는 음식들이 GMO인지 아닌지 조차 명확하게 알 수 없기 때문이었다.

\# 뭐든 좋은것만 주고싶은 마음
\# 잘먹을때가 제일 좋아

2018년 4월 청와대 국민청원 게시판에도 'GMO 완전 표시제(원재료가 GMO인 경우 모두 GMO 제품 표시하는 것)'를 촉구하는 청원이 올라왔고, 이에 20만 명 이상이 동의하였다. 이에 청와대와 해당 부서에는 국내외 이권이 복잡하게 얽혀 있으니 향후 협의체를 구성해 계속 논의하겠다고 하였다.

GMO는 90년대 이후 등장하였고 우리나라는 현재 세계 최대 GMO 수입국 중 하나이다. GMO의 안정성은 여전히 논란 속에 있고, 우리가 먹는 어떤 음식에 GMO가 들어있는지도 알 수 없다. 우리 아이에게 내가 먹이고 싶지 않아도 먹일 수 있는 환경인 것이다. 최근까지는 막연히 유전자를 조작했다니까 부정적인 느낌이 들긴 했지만 정확한 문제점에 대해 알지는 못했다. 그래서 GMO가 왜 문제가 되는지 좀 더 자세히 공부할 필요를 느꼈고, 관련 서적을 찾아 읽기 시작했다.

GMO는 어떤 문제를 일으키는가?

《GMO: 유전자 조작 식품은 안전할까?》(김훈기 저, 풀빛)라는 책에서는 전 세계적으로 생명공학 다국적 기업들이 식량 문제나 질병 예방 등 인류의 문제를 앞세워 GMO를 만들고 있지만 결과는 그들이 말한 바와 다르다고 이야기한다. GMO는 특정 제조체와 살충제를 잘 견디어 생산량을 극대화하도록 만든 것인데 GMO가 생산된 지 20여 년이 지난 지금, 동일 면적당 생산량은 유기농 작물과 크게 다르지 않다고 보고되고 있다고 한다. 오히려 슈퍼 잡초의 등장으로 농약 사용량이 늘어나고 슈퍼 버그 등장을 걱정해야 할 상황이 되었다고 하였다. 또 GMO는 땅에 심어도 새싹이 나지 않기 때문에 농부들은 GMO 종자를 매번 사야 하고, 그에 맞는 농약도 구입해야 된다고 한다. 게다가 그 농약은 발암 물질로 매우 위험하다는 연구가 계속 나오고 있다. 그래서 생산량 확대를 기대한 농부들은 오히려 비용 부담이 커지고 빚덩이에 앉게 되는 경우도 있다고 한다.

또 하나의 큰 문제는 GMO가 생태계를 교란할 수 있다는 것이다. 《슬픈 옥수수》(케이틀린 셰털리 저, 풀빛)[4]라는 책에서는 벌의 중요성에 대해 이야기한다. 벌은 꽃가루와 꽃의 꿀을 모아서 꿀을 만드는데 벌 이동은 인간이 컨트롤 할 수 없다. 그런데 벌은 GMO 작물에서도 수분 활동을 할 수 있기 때문에 GMO 종자를 이동시킨다고 하였다. 또 다른 예로, GMO 종자가 이동 중에도 떨어져 유기농 작물 오염시키기도 한다고 한다. 인간이 GMO 작물을 컨트롤할 수 있다는 것은 오판이다.

==GMO가 과연 안전한가?==
==안정성 테스트는 어떻게 이루어지는가?==

《슬픈 옥수수》에서는 GMO의 안전성이 각종 기관의 로비와 허술한 법을 통해 어떻게 만들어지는지 객관적 자료를 통해 보여준다.

---

[4] 《슬픈 옥수수》의 저자는 수년간 원인을 알 수 없는 질병에 시달리다가 자신의 증세가 유전자 조작 옥수수에 대한 과민 반응이라는 충격적인 진단을 받게 된다. 그 후 유전자 조작 식품을 둘러싼 거대하고도 위험한 논란들을 5년여간 조사하여 이 책에 소개하고 있다.

나는 특히 전 세계적으로 엄격하게 시판 승인을 내리는 곳이라는 명성이 있는 미국식품의약국(Food and Drug Administration, FDA)에서 대부분 GMO 기업이 제출한 결과만을 검토할 뿐 자체적 테스트는 없다는 사실을 알고 매우 놀랐다. 모든 GMO에 대해 테스트를 할 시간도 인력도 부족하다는 것이 이유라고 한다. 또한 기업에서 행해지는 테스트는 사람을 대상으로 할 수도 없어 동물을 대상으로 하며, 길게 해봤자 6개월 정도 GMO를 먹이는 정도라고 한다(기업에서는 쥐의 6개월은 사람으로 따지면 거의 평생이기 때문에 테스트가 유효하다고 주장한다). 사람이 평생 GMO를 먹게 되면 어떤 일이 일어나게 될지 아무도 알 수 없는 것이다. 지금 우리가 실험 대상이 되고 있는 상황이라고 생각하는 것은 지나친 해석일까? 또, 거대 기업들은 대학에 막대한 기부금을 내고 연구를 제어하고 있다고 한다. 물론 대학과 기업은 발뺌하지만 몇몇 용감한 교수들은 논문 발표 전에 기업에서 사전 검열을 했고 논문 발표를 막기까지 했다고 이 책에서 증언하고 있다.

점점 GMO가 증가한다면 어떻게 될까?

현재 생명 공학 다국적 기업들은 인류에게 안정적인 먹거리를 제공한다는 명분으로 GMO를 계속 만들어 내고 있다. 하지만 GMO가 만들어진 20년이 지난 지금 식량 문제에 대한 성공적 결과는커녕 많은 문제점만 야기시키고 있다. 그리고 여전히 거대 GMO 기업은 막

대한 자금으로 지속적으로 GMO 종자를 계속 만들고 재배지를 확보하면서 건강한 종자를 오염시키고 있다. 점점 GMO에 재배지를 내주게 된다면 미래에는 GMO 종자를 가진 기업이 식량을 독점하게 될지 모른다. 그리고 식량을 독점하는 자는 세계를 지배하게 되지 않을까?

우리나라에서는 쌀을 대상으로 GMO를 연구하고 있다고 한다. 먼저 GMO 종자를 확보하기 위해서라고 하는데 GMO 때문에 GMO 종자를 개발하는 아이러니한 상황이다.

그럼 우린 어떤 활동을 해야 할까?

우선 표시제의 문제점을 개선해야 한다. 지금도 많은 사람이 노력하고 있지만 좀처럼 해결되지 않고 있다. 정부는 많은 이권이 얽혀 있기 때문에 시간이 걸린다고 하지만 국민의 건강보다 더 큰 이익이 어디 있을까? 우리는 완전 표시제가 시행될 때까지 GMO 문제에 관심을 가져야 한다.

그럼 개인 생활에서 실천할 수 있는 것은 무엇일까? 가장 쉽고도 영향력이 큰 방법은 올바른 소비라는 생각이 든다. 식재료를 살 때 되도록 유기농, 무농약 등 친환경 식품을 사도록 노력하고(나는 덜 먹고 좋은 것을 먹는 쪽을 선택했고 음식을 낭비하지 않고 먹으려고 노력한다) '한살림'과 같은 우리 종자를 지키는 일을 하는 조합에 가입할 수도 있다.

우리나라는 2019년 2월부터 'GM 감자(유전자 변형 감자)'를 수

입하려 하였으나 국내 여러 단체의 반대로 인해 현재는 수입 절차 보류 중에 있다. 이 감자는 미국에서 재배 승인이 난 지도 얼마 되지 않았고 미국과 여러 나라에서 안전성 논란이 끊이지 않고 있다고 한다. 특히 GM 감자 개발에 참여했던 과학자가 이 작물의 위험성을 폭로하기도 했다고 하니 걱정이 안 될 수가 없다. 이 GM 감자가 수입된다면 가장 많이 사용될 가능성이 높은 곳은 패스트푸드점인데 패스트푸드점 등의 식품 접객업소는 현행법상 GMO 표시 의무가 없다. 이제 우리가 먹고 싶지 않아도 먹게 되는 환경인 셈이다.

우리 아이들이 마음껏 좋은 음식을 선택하고, 먹고, 건강하게 살 수 있도록 지금의 부모 세대가 우리 음식을 지켜야 되지 않을까

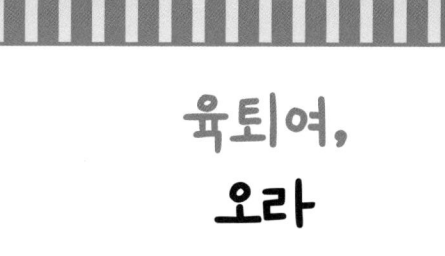

육아도
워라밸이 되나요?

오전 7시 반

좀 더 잤으면 좋겠는데 요즘 정확히 7시만 넘으면 뒤척이기 시작한다. 아빠의 출근 준비 소리 때문인지 뒹굴거리다가 '엄마~' 하고 부른다. 조금 더 누워있고 싶다. 눈 감고 자는 척을 할까? 아니다. 일어나자. 일찍 일어나야 낮잠도 일찍 자고 밤잠도 일찍 자지.

오전 8시

컨디션이 좋으면 거실로 나와 인형 친구들과 놀기 시작한다. 하지만 컨디션이 안 좋으면 울면서 안아 달라고 한다. 그래 좀 더 크면 안아 달라고도 하지 않을 테니 꼭 안아주자. 아이가 무거워져서 오래 안고 있으면 다리가 저리고 팔도 후덜 거리지만 그래도 내 품에 안겨 있는 모습이 너무 예뻐서 안아 주지 않을 수가 없다.

오전 9시

오늘은 잘 먹으려나. 잘 먹는 아이가 아니라 항상 밥을 주기 전에 마음이 조마조마하다. 우선 좋아하는 반찬으로 유인하자. 인형 친구들도 같이 먹자고 동원하자. 다행히 잘 먹는다. 오늘 시작이 좋다. 하지만 10분도 앉아서 먹지 못한다. 그래, 두 돌도 안 된 아이가 30분 동안 가만히 앉아서 먹는 게 더 이상해. 이게 정상이야. 그렇게 마음을 다독이자.

오전 10시

이제 내가 배가 고프다. 근데 아이 밥 먹이느라 힘이 없다. 밥 차리기도 귀찮다. 국이라도 있으면 말아서 후루룩 먹어버리자. 이런 국이 없네, 그럼 빵으로 우선 허기를 채우자. 이렇게 오늘도 빵을 먹는다. 아직 살이 다 안 빠졌지만 빵을 끊을 수 없다. 우선 먹고 살 빼는 것은 훗날을 기약하자. (훗날이 오겠지?)

오전 11시

미세 먼지 나쁨. 아니면 덥든가, 춥든가, 비가 오든가, 바람이 불든가…. 당최 마음 편히 나가서 뛰어놀 날이 별로 없다. 날씨가 좋은 날은 무조건 나가야 한다. 놀이터로 공원으로 산으로 가야 한다. 오늘은 춥다. 집에서 책도 읽어주고 같이 주방 놀이도 하고 찰흙 놀이도 하고 그림도 그리자.

내일은 문화 센터 가는 날이다. 집에만 있으면 심심하기도 하고 다른 또래 친구들과 선생님도 만나는 경험도 해야 하니까 문화 센터도 가야지. 근데 시간 맞춰가는 것이 왜 이리 어려운지 외출 준비하는 데도 30분은 걸린다. 시간을 맞춰서 가려면 내 얼굴에 로션 하나 여유 있게 바를 시간이 없다.

오후 1시

아! 벌써 또 먹을 시간이다. 점심은 뭘 줘야 잘 먹으려나. 볶음밥, 비빔밥으로 한 그릇 뚝딱 먹으면 좋으련만 몇 번 잘 먹다가 안 먹는다. 또 반찬으로 유인하자. 그리고 책을 보자고 자리에 앉히자. 책 보면서 책 속 친구들 한 입씩 주고 자기도 먹는다. 이 작전도 성공이다. 빨리 먹이고 낮잠 재워야 한다.

오후 2시

이제 낮잠을 재워야 한다. 쉬는 시간이라고 같이 침대에 누웠더니 자기는 안 졸리다고 방을 탈출한다. 엄마는 잘 거라고 하니까 일어나라고 난리다. 오래간만에 허리 펴고 누웠더니 일어나기가 싫다. 계속 엄마도 나오라고 한다. 거실에서 좀 놀다가 다시 2차 시도, 다행히 방을 탈출하지는 않는다. 침대에서 베개를 붙잡고 논다. 그러기를 30분, 이제 슬슬 졸리나 보다. 자장가 5곡 정도 부르니 잠든다.

오후 3시

아침에 빵 하나 먹고 아무것도 못 먹었더니 힘이 없다. 근데 밥 차려 먹기 너무 힘들다. 그리고 1분 1초가 아까운 아이 낮잠 시간을 밥 차리고 밥 먹는 데 소비하기가 너무 아깝다. 밥과 반찬을 최대한 간단하게 해서 10분 만에 클리어하자. 드디어 자유 시간이다. 티타임도 가지고 싶고, TV도 보고 싶고, 책도 읽고 싶고, 글도 쓰고 싶고, 그림도 그리고 싶다. 그런데 저녁 식사 준비도 해야 되고, 집 안 청소도 해야 되고, 친구한테 온 카카오톡 메시지에도 대답해 줘야 된다. 고민할 시간이 없다. 우선 차를 끓이고 TV를 켜고 카카오톡 답을 하고 책을 보자. 이제 1시간 남았다. 글을 좀 쓰고 그림도 하나 그리자. 이제 30분 남았다. 저녁 준비를 하자 들리는 '엄마~' 소리, 일어났다.

오후 5시

침대로 가니 눈뜨고 뒹굴거리고 있다. 나를 보고 씨익 웃는다. 예뻐 죽겠다. 다리는 아래로 쭉쭉 펴주고 팔은 위로 쭉쭉 펴주고 볼에 뽀뽀를 해준다. 이제 밖으로 나와서 의자에 앉아서 꼭 안고 있는다. 밖은 이제 해가 뉘엿뉘엿 지고 있다. 아이는 다시 집 안 곳곳을 누비며 논다.

오후 6시

낮잠을 자고 일어나서 배가 고픈지 저녁은 밥 한 그릇 뚝딱이다. 그래도 밥 먹는 시간은 오래 걸린다. 처음에는 앉아서 먹지만 이내 의자에서 내려간다고 한다. 그래 반은 먹었으니 내려가렴. 남은 밥을 먹이려고 아이가 노는 곳으로 가서 한 입 두 입 먹인다. 아이는 잘 받아먹는다. 놀면서라도 밥을 먹어서 다행이다.

오후 7시

문 여는 소리가 나자 '아빠~' 하고 외친다. 아빠가 퇴근했다. 저녁 식사 준비를 하려고 하자 아이는 부엌으로 달려온다. 요즘 제일 재밌는 곳이 부엌이다. 설거지도 같이하고 엄마 요리하는 것도 구경한다. 아빠 엄마가 저녁을 먹으려 하자 아빠와 엄마 사이에 앉아서 어른 숟가락으로 음식을 떠서 아빠, 엄마 먹으라고 준다. 자기 밥은 안 떠먹으면서 엄마, 아빠 밥은 떠먹여 주고 싶나 보다.

오후 8시

아빠가 목욕을 시켜주는 시간에 설거지와 집 안 정리를 한다. 목욕시켜주는 것이 나에게 큰 힘이 된다. 무거워진 아이를 씻기고 욕조에서 안고 나와서 물을 닦이고 로션을 바르고 옷 입히는 것이 생각보다 힘들다. 목욕까지 끝나면 오늘 할 일은 마무리된다. 마음이 가벼워진다. 아이는 엄마가 데워 준 고소한 우유를 먹는다. 먹을 때는 세상 조용하다. 아이의 재잘거리는 소리가 난다. 다 마셨나 보다. 이제 자기 전까지 아빠랑 놀렴. 엄마도 씻어야겠다.

오후 9시

요즘 재미있는 드라마가 9시쯤에 많이 한다. 하지만 본방송을 보기란 거의 불가능이다. 그렇다고 재방송을 볼 수 있는 것도 아니다. 정말 보고 싶은 것은 돈 주고 본다.

이제 밤잠을 재우기 위해 슬슬 데리고 들어가야 한다. 불을 끈다고 하니 더 놀고 싶다고 운다. 보통 졸리면 순순히 친구들을 데리고 방으로 들어가는데 오늘은 더 놀고 싶나 보다. 그래 30분만 더 놀다 자러 가자.

오후 9시 반

이제 정말 자러 가야 한다. "잠잘 시간입니다~" 하며 온 집 안 불을 끈다. 아이를 안고 아이 침대로 간다. 아이는 침대로 데려온 친구들과 놀다가 엄마한테 안아 달라고도 하고 침대에서 일어났다 앉았다 뒹굴거리며 재잘댄다. 이 노래 저 노래를 불러달라고 요청을 하면 열심히 불러준다. 그러기를 1시간이 지나면 조용히 잠든다. 나도 잠들어 버린다.

오후 11시

눈이 떠진다. 아이 재우다가 나도 잠드는 일이 대부분이다. 지금이라도 일어나서 낮에 못 봤던 책이나 좀 볼까? 아니면 TV를 좀 볼까? 아무 생각 없이 핸드폰이나 뒤적거려볼까? 아니다. 내일을 위해서 자야겠다. 내일은 또 무슨 반찬을 하고 뭘 하면서 놀아줄까….

오늘도 평범한 하루가 이렇게 끝났다. 회사를 다닐 때 업무량이 많은 상황을 두고 우스갯소리로 나의 일주일을 '월화수목금금금'으로 말하곤 했다. 그때는 적어도 평일 같은 주말을 보내도 주말이라는 사실을 인식했었는데 지금은 주말이라는 사실조차 잊고 사는 것 같다.

두 돌이 지나면서 아이의 낮잠 시간이 점점 줄어들게 되었다. 줄어든 낮잠 시간이 이렇게 아쉬울 수가 없다. 그래서 좀 더 나의 자유 시간을 확보하기 위해 저녁잠을 재울 때 같이 잠들지 않으려 안간힘을 쓴다. 눈을 감고도 잠들지 말아야 하며 감은 눈을 다시 떠야 하므로 엄청난 의지가 필요하다. 이제 갓 3년 차 육아에 접어든 전업주부에게 육아와 나 자신을 위한 시간 사이의 워라밸(일과 삶의 균형이라는 뜻의 줄임말)을 기대하기란 무리인 것 같다. 언젠가는 그런 날이 오겠지. 그날을 꿈꾸며 오늘도 빠른 육퇴(육아 퇴근)를 염원해본다.

잘 노는 아이로 키우자

노는 방법을 잘 안다는 것은
인생에 있어 축복이다

지금 사는 집 앞에는 어린이 놀이터가 있다. 집을 구하러 다닐 당시는 봄이었고 놀이터에는 이제 막 걸음마를 뗀 아이부터 하교 후 친구들과 노는 초등학생까지 다양한 연령의 아이들이 뛰어놀고 있었다. 공인중개 사장님은 다소 시끄러울 수는 있으나 아이 키우기 좋다고 하셨고 나도 태어날 아이가 집 앞 놀이터에서 노는 상상을 하며 집을 계약했다. 난생처음 놀이터와 가까운 집에서 살아보니 아이들이 얼마나 소리를 지르고, 끊임없이 재잘대면서 뛰어노는지 알게 되었다. 어느 날은 수십 명의 어린이가 몰려오는 바람에 너무 시끄러워 창문을 열지 못하는 날도 있었다. 하지만 아이들의 웃음소리, 재잘거리는 소리가 싫지는 않았다. 오히려 내 삶에 활기를 불어넣는 것 같았다.

　이사 온 1년 후 나는 한 아이의 엄마가 되었고 아이가 놀이터에 나갈 수 있는 개월 수가 되자 집 앞이 놀이터라는 점이 빛을 발하기 시작했다. 굳이 나가지 못하더라도 언니 오빠들이 놀이터에서 노는 모습을 관찰하는 것만으로 우리 아이에게 좋은 자극이 되었다. 그렇게 매일 놀이터에서 뛰어노는 아이들을 보니 아이들의 무한한 에너지를 느낄 수 있었다. 몇 시간을 놀아도 지치지도 않고, 한정된 공간과 놀이기구 속에서 새로운 놀이 방식을 만들기도 하고, 때론 굉장히 중요한 일을 하는 듯 심각해 보이기도 했다. 내 아이도 놀이터에 갈 때마다 자신의 인생에 있어 매번 커다란 도전을 수행했었다. 처음으로 계단을 오르고 미끄럼틀과 그네를 타고 비둘기를 쫓아다니기도 했다.

> 놀고 있는 아이들은 그저 뛰어노는 것이 아니라 가장 진지하게 온 마음을 쏟고 있다는 사실에 유의해야 한다
> – 미셸 드 몽테뉴[5]

아이들은 정말로 온 마음을 다해 놀고 있었고, 그것은 아이들이 성장하기 위한 가장 중요한 일이라는 생각이 들었다. 놀이가 아이들에게 얼마나 중요한지는 이미 많은 사람이 동의하고 인지하고 있지만 그에 비해 아이들이 놀 수 있는 환경을 어떻게 만들어 줘야 되는지, 어떻게 상호 작용을 해주어야 하는가에 대한 논의는 부족한 것 같다. 나 역시 '놀이'에 대해 진지하게 생각해 보지 않았고 아이가 커가면서 아이와의 상호 작용하는 시간이 점점 늘어나자 '진짜 잘 놀아 주는 것' 혹은 '진짜 잘 노는 것'이 어떤 것인지 궁금해졌다.

---

[5] 《뉴필로소퍼(Vol.4: 워라밸의 시대, 잘 논다는 것)》, 바다출판사, p29

EBS 다큐프라임에서 방송된 〈놀이의 반란〉에서는 내가 궁금하게 생각했던 '진짜 놀이'(진짜 잘 놀아 주는 태도에 대해)에 대해 이야기한다.

방송을 책으로 엮은 《놀이의 반란》(EBS 놀이의 반란 제작팀 저, 지식너머)을 보면 그냥 놀아주는 것이 다 놀이가 아니라고 하였다. 놀이를 빙자해서 끊임없이 가르치려 하는 '학습형 엄마'와 엄마가 놀이를 주도하는 '주도형 엄마'는 가짜 놀이를 하는 것이며, 아이의 눈높이에서 놀이에 동참하고 아이에게 주도권을 주는 '자율형 엄마'만

이 진짜 놀이를 하는 것이라고 하였다. 즉, 진짜 놀이란 즐거움이 있고, 아이가 스스로 주도하며 하는 놀이인 것이다. 사실 나도 매사 뭐 하나라도 더 알려주려는 성향이 다분했던 것 같아서 이 책을 읽고 뜨끔 했다.

육아의 9할은 부모의 디테일한 관찰이라고 생각한다. 놀이에서도 마찬가지이다. 아이들이 무엇을 하고 싶어 하는지 잘 관찰해야 하며 그 놀이를 통해 자기감정을 표현하고, 관계 맺기를 경험하고, 규칙을 배울 수 있어야 한다. 아이들에게 놀이가 중요하다고 해서 그냥 놀게 내버려 두라는 것은 아니다. 아이들의 성장에 맞춰 좋은 놀이 환경을 만들어 주고 아이들이 집중할 수 있는 놀이 자극을 주는 것이 필요하다. 예를 들면, 24개월 전에는 오감을 자극하는 놀이, 48개월 까지는 체험을 통해 배우는 놀이, 48개월 이상은 다른 아이들과 협동하는 놀이를 경험하게 해야 한다.

프뢰벨, 몬테소리(놀이 교구 브랜드로 유명하지만 교육학자 이름) 같은 교육학자들은 아이들을 깊이 관찰하고 아이들의 성장 과정에 대한 공부를 통해 깨달은 철학을 기반으로 놀이 교구를 만들었다. 굳이 이 유명한 놀이 교구를 구입할 필요는 없다. 대신 그들이 어떤 철학으로 교구를 만들었는지 한 번쯤 찾아본다면 아이들의 놀이 환경과 놀이 방법에 대한 이해의 폭을 넓힐 수 있을 것이다.

위에서 이야기한 대로 아이들이 잘 놀 수 있는 환경을 마련해주고 시기적절한 놀이 자극을 주고 아이가 자발적으로 놀이를 주도하며 즐길 수 있게 해주는 것이 중요하다. 하지만 나는 무엇보다 아이에게 너와 함께 놀이하는 것이 매우 즐겁다는 모습을 보여주는 것이 가장 중요하다고 생각한다. 그래서 나는 아이와 함께 놀면서 아이를 웃게 만드는 것을(신나는 웃음이나 만족스러운 미소 등) 나름 나의 진짜 놀이 기준으로 세우고 있다.

> 노는 법을 아는 것은 축복받은 재능이다
>
> — 랠프 월도 에머슨[6]

인생을 풍요롭게 산다는 것은 남들이 보지 못하고 느끼지 못하는 것을 보고 느끼고 즐길 수 있는 능력이다. 그것은 물질적으로 풍요롭다고 해서 가질 수 있는 능력이 아니다. 그것은 유아기 시절부터 스스로 즐겁게 탐구하고 성취하고 충만함을 느끼는 경험에서부터 시작된다. 나는 우리 아이가 풍요로운 인생을 살 수 있도록 잘 노는 아이로 키우고 싶다.

---

[6] 〈뉴필로소퍼(Vol.4: 워라밸의 시대, 잘 논다는 것)〉, 바다출판사, p36

전지적 엄마 시점

엄마의 시각으로 보는 세상은
너무도 달랐다

아이가 태어나고 엄마가 되면서 세상이 달라 보였다. 공간은 같은데 다른 세상으로 들어온 기분이었다.

최근 증강 현실(실제로 존재하는 세계에 3차원 가상 세계를 겹쳐 보여주는 컴퓨터 그래픽 기법)을 소재로 방영된 '알함브라의 추억'의 캐릭터들이 스마트 렌즈를 끼고 게임의 세계로 들어가듯이 난 엄마 시점 렌즈 즉, 모든 것을 엄마의 시각으로 바라보게 되는 렌즈를 장착한 것 같았다.

출산 전에는 보이지 않았던 아이 관련 뉴스 등의 정보가 눈에 쏙쏙 들어왔다. 교육 문제, 환경 문제, 먹거리 문제 심지어 골치 아픈 정치 문제까지, 내 아이 그리고 지금 자라나는 아이들이 살아가는 데 영향을 미치는 모든 것이 심각하게 다가왔다. 아이를 낳기 전에는 그냥 쉽게 넘겨버린 일들이었다. 아마 이전에도 똑같은 문제들이 발생하고 있었을 텐데 내 눈에 들어오지 않았던 것 같다. 솔직히 혼자 잘 먹고 잘 사는 것에 더 치중해 있었다. 하지만, 엄마가 된 후부터는 사회 문제를 접할 때 '뭐 어떻게 되겠지'라든가 '누군가 해결하겠지'라는 안일한 생각이 사라졌다. 그래서 '정치하는 엄마들'이라는 단체도 등장했나 보다. 그녀들이 사회 문제를 해결하라는 퀘스트에 도전하는 레벨 높은 엄마들이라면 나는 아직 퀘스트에 도전도 못하는 수준이다. 그래서 지금 열심히 레벨을 올리는 중이다.

얼마 전 오랜만에 친구들을 만났다. 다들 아이들 엄마라 대화 주제는 역시 아이들이었다. 한참 이야기를 하다 10년 차 승무원인 친구가 아이들을 데리고 비행기를 타는 엄마들에 대한 이야기를 했다.

자신이 처음 비행할 때와는 다르게 요즘 엄마들의 태도가 많이 달라졌다는 이야기였다. 예전에는 아이가 울거나 보채면 다른 승객들에게 미안해서 어쩔 줄 몰라 사과를 하는 엄마들이 많았다면 요즘은 나 몰라라 하거나 '승무원이 도와주겠지'라는 태도의 엄마들이 많아지는 것이다. 그 이야기를 듣고 나도 엄마 시점 렌즈 착용 후 나 자신이 부끄러웠던 일이 떠올랐다.

몇 달 전 남편과 함께 아이를 데리고 아쿠아리움을 방문했었다. 식당가에서 식사를 주문하고 자리에 앉았는데 아이가 우유를 달라고 갑자기 떼를 쓰기 시작했다. 당황한 나는 남편에게 식당 주방에 가서 우유 좀 데워 달라고 부탁하라고 했다. '아이 것인데, 부탁하면 해주지 않겠나'라는 생각을 했었다. 그때 난 왜 모든 사람이 아이나 부모에게 호의를 베풀어야 한다고 생각했을까? 남편은 내가 하는 말을 듣고는 '우선 수유실이 있는지 찾아보자'는 이성적인 대답을 했다. 그 순간 나는 이성적 판단을 하지 못한 내가 부끄러웠다. 보채는 아이를 빨리 달래야 한다는 엄마의 역할에 너무 몰입된 나머지 앞뒤 생각 안 하고 오직 우유를 데워서 아이 입에 물려야 한다는 생각뿐이었던 것이다. 내가 식당 직원이었으면 우유를 데워 달라는 엄마를 뭐라고 생각했을까? 나의 실수를 막아준 남편에게 감사할 따름이었다.

엄마가 되면 엄마의 역할에 너무 몰입한 나머지 이성적 판단을 하지 못하게 되는 경우가 있다. 그런 경우가 있다는 사실을 인지하지 못하고 주의하지 않는다면 아마 이 세계에서 버그(컴퓨터 시스템의

결함이나 착오)가 될지도 모르겠다. 게임을 너무 몰입해서 하면 진짜 현실 세계와 구분하지 못하는 부작용이 발생한다. 건강도 안 좋아진다. 게임도 정기적으로 로그아웃을 해주어야 하듯이 몸 건강과 정신 건강을 위해서 나도 엄마 시점 렌즈를 때때로 벗고 로그아웃을 해야겠다. 버그로 삭제되기는 싫으니 말이다.

치느님에게 작별을 고하다

인간을 위해
당연히 존재해야 하는 것은 없다

내가 초등학생이던 시절에 학교 정문 앞에서 병아리를 파는 사람이 심심치 않게 나타나곤 했다. 나는 너무나도 귀여운 병아리를 그냥 지나칠 수 없어 두 마리를 사 들고 집으로 갔었다. 커다란 박스 안을 솜으로 반을 채우고 병아리들을 넣어주니 엄마 품인 마냥 솜 안으로 파고 들었던 모습이 아직도 눈에 선하다. 그 후 병아리들은 급속도로 성장했고 다행히 우리 집은 주택이었기에 베란다 뒤에 닭장을 마련하여 병아리가 닭이 될 때까지 키울 수 있었다. 닭이 된 병아리들은 닭장 문을 항상 열어 놓았었더니 자유롭게 돌아다녔고 새처럼 날아 나뭇가지에 올라가 앉아 있기도 하였다(그래 너희들도 날개가 있었지). 그리고 같이 사는 식구를 아는지 이름을 부르면 집 밖에 나가 놀다가도 종종걸음으로 돌아오곤 했었다. 그리던 어느 날 방과 후 집에 왔는데 닭장이 텅 비어있었다.

  "엄마, 닭들은 어디 갔어요?"

  "응, 이제 너무 커서 집에서는 못 키울 것 같아서 더 잘 키워주실 수 있는 분에게 드렸어."

나는 작별 인사도 못한 것이 못내 아쉬웠지만 더 넓은 곳에서 친구들과 행복하게 사는 모습을 생각하며 마음을 토닥였었다. 그런데 내가 고등학생이 되었을 때 엄마가 그때 우리 집 닭들을 아랫집 할머니가 잡아서 삼계탕을 해 드셨다고 고백을 한 것이다. 10여 년 만에 밝혀진 비밀 때문에 한동안 신해철의 '날아라 병아리'라는 곡을 들으며 작은 병아리에서 닭으로 성장했던 우리 집 닭들을 추모했었다. 하지만 얄리(노래에 나오는 병아리 이름)는 얄리고 치킨은 치킨이었다. 얄리를 추모하면서도 나는 치킨을 먹었다. 이름 없는 수많은 닭들은 그저 나에게 맛있는 치킨들이었다.

우리 아파트 단지 맞은편 건물에는 치킨집이 있다. 바로 옆 건물에도 치킨집이 있다. 그리고 그 치킨집 길 건너 맞은편 건물에도 치킨집이 있다. 또 그 치킨집의 오른쪽 횡단보도 건너편에도 치킨집이 있다. 여기서 끝나지 않는다. 치킨집 뒤 길가의 건물에도 치킨집이 있다. '이렇게 치킨집을 연결하다 보면 전국 일주를 할 수 있지 않을까'라는 생각이 들 정도로 우리나라는 치킨 왕국이라 불릴 만하다. 오죽하면 치느님(치킨과 하느님을 결합한 말)이라는 말까지 생겨났을까? 그런데 이 많은 치킨집에서 튀겨지는 닭들은 어디에서 어떻게 길러졌을까? 궁금해졌다. 아마 우리는 치킨을 영접하느라 바쁠 뿐 닭의 일생에 대해서는 궁금하지 않을 것이다. 도시에서 태어나고 자란 사람이라면 더욱이 식탁에 놓인 요리와 실제 닭과 연결을 지어 생각하기 힘들 것이다. 나 역시 그랬다. 그런데 먹거리에 대한 고민도 많아진 상태에서 계란 살충제 파동(얼마 전에는 항생제까지 문제

제기되었다)까지 발생하면서 가축들이 어떤 환경에서 자라고 있는지 찾아보게 되었다.

\# 치킨집 옆에 치킨집
\# 치킨왕국

얼마 전 공장식 축산의 문제점을 다룬 다큐멘터리 영화 〈잡식가족의 딜레마〉의 감독이 그 내용을 좀 더 자세히 펴낸 《사랑할까, 먹을까》(황윤 저, 휴(休))라는 책을 접하게 되었다. 이 책에서는 우리나라는 정부에서 축산업 발전을 위해 최소 비용으로 생산성을 극대화하는 공장식 축산을 지원했고 사람들이 고기를 더 많이 소비하는 정책을 펼쳐 공장식 축산이 점점 증가하고 있다고 했다. 또, 공장식 축산에서 사육되는 닭들은 자기 몸에 꼭 맞는 케이지 안에서 평생을 사는데, 비위생적 공간에서 살다 보니 각종 질병을 얻게 되고 이것을 막고자 항생제와 살충제가 사용될 수밖에 없다고 한다. 그리고 이러한 환경에서는 AI(Avian Influenza, 조류 독감)가 자주 발생하게 되며 AI가 발생하게 되면 살아있는 닭들을 살처분하게 되는데, 살처분에 가담했던 사람들은 홀로코스트가 따로 없다고 이야기를 한다. 우리가 먹는 치킨들은 이런 공장식 축산으로 학대받으며 길러진 닭인 것이다.

==생명을 이런 식으로 대하는 것도 끔찍하고 더불어 신체적, 정신적으로 고통받은 닭과 달걀을 먹는 사람도 과연 건강할 수 있을까 의문이 든다==

인간은 모든 종의 최상위 집단이 아니다. 모든 종과 나란히 놓여 있어야 한다. 인간의 자유가 중요하듯 동물들의 자유도 중요하다. 내 아이의 그림책에서 모든 동물들은 친구다. 사람과 마찬가지로 똑같이 배고프고, 기쁘고, 슬프고, 아픔을 느낀다. 어린아이들이 발도 편하게 디딜 수 없는 케이지에 갇힌 닭과 움직이지도 제대로 눕지도 못하는 스톨에 갇힌 돼지를 본다면 뭐라고 할까? 한 치의 망설임 없이 도와줘야 한다고 할 것이다.

나는 고기를 좋아한다. 하지만 이렇게까지 해서 고기를 먹어야 하나 의문이 든다. 정부나 공장식 축산업자들은 소비량이 많으니 어쩔 수 없다고 대답한다. 동물 복지를 실현하게 하기 위해서는 소비자가 고기 소비를 줄이고 고기를 먹더라도 자연 친화적으로 생산된 고기를 먹어야 한다. 그래서 나는 공장식 축산물을 소비하지 않고 싶어졌다. 하지만 고기뿐만 아니라 달걀, 우유까지 생각하다 보면 외식은 물론이거니와 가공식품도 살 수 없다. 그렇다고 이런 끔찍한 상황을 알면서도 불편하고 귀찮다는 이유로 예전처럼 소비를 할 수는 없다. 그래서 우선 치느님과 작별하기로 했다. 아마 1년에 20마리 정도는 살릴 수 있을 것이다. 그리고 동물 복지 마크를 확인하고 고기를 소비하기로 했다. 또, 되도록 고기를 적게 먹기로 했다. 평소에 많이 먹는 편이었기 때문에 건강을 위해서도 줄이는 것이 좋겠다고 생각했다.

짧은 시간이었지만 내가 키웠던 닭들을 생각해 보면 개나 고양이처럼 사람과 교류도 가능한 영리한 동물이었다. 그들도 먹고, 자고, 놀고, 고통받고 싶지 않은 본능적 욕구를 지닌 생명이었다. 이런 경험을 하지 않았다면 지금의 나는 치킨집의 닭들에게 연민을 느끼지 못했을지도 모른다. 그리고 우리 아이에게 매일 동물들이 나오는 그림책을 읽어주며 현실과의 괴리를 느끼지 못했다면 동물들의 죽음이 인간을 위한 당연한 죽음이라고 여겼을지도 모른다. 또 내 친구 얄리를 다시 떠올리지도 못했을 것이다.

==이 세상에 인간을 위해==
==당연히 존재해야 하는 것들은 없다==
==소, 돼지, 닭도 마찬가지다==

생산성을 극대화하는 시스템은 결국 사람한테도 적용된다. 아니 이미 적용되고 있고 우리는 그것이 우리를 얼마나 비참하게 하는지 알고 있다. 《사랑할까, 먹을까》 책(또는 다큐멘터리 영화)에서 감독은 동물 복지 돼지 농장을 겨우 찾아내서 방문하게 된다. 그 돼지 농장의 주인이 한 말이 내 마음속에 콕 박혔다. 그리고 우리가 어떻게 살아야 될지, 아이를 어떻게 키워야 할지 말해주는 것 같았다.

만물이 하나로 연결된 순환의 고리,
그러므로 모든 것을 귀하게 대하고 모든 것에 친절하라.
- 《사랑할까, 먹을까》

아이와 함께 상상의 세계로 들어오세요

모든 사물이 살아 있는 아이의 세계,
마음껏 놀자

우리 집에는 숲도 있고 바다도 있다. 거실 한쪽 화분이 있는 곳은 푸른 숲이다. 아이는 날마다 숲으로 소풍을 간다며 고양이 무늬 가방에 이것저것 담아 인형 친구를 데리고 숲으로 간다. 초록색 잎사귀가 피어있는 화분에게 인사를 하고 짹짹이 인형을 화분 위에 올려놓으며 짹짹이 집에 왔다고 이야기한다.

한참 숲속에서 놀다가 이번에는 침대 위로 올라간다. 침대는 바다고, 이불은 출렁이는 파도이며, 아이는 베개를 타고 침대 위를 항해한다. 요즘 우리 아이는 아침부터 밤까지 온 집 안을 돌아다니며 상상의 세계에 흠뻑 빠져있다.

며칠 전에는 자신이 가장 좋아하는 베개를 아기 의자에 앉혀 놓고 테이블 위에 여러 가지 물건을 올려놓더니 베개를 마주 보고 앉아서는 생일 축하 노래를 불러주는 것이 아닌가, 고사리 같은 손으로 박수까지 치면서 "사랑하는 아기 베개~ 생일 축하합니다."라고 노래를 불러주고 케이크(물론 내 눈에는 그냥 바구니였지만 우리 아이는 그것을 케이크로 설정했다) 위의 초를 힘껏 불기까지 했다. 게다가 이 베개를 얼마나 애지중지하는지 매일 밥을 먹여 주고, 아프다며 약도 주고, 열도 재고, 따뜻한 수프까지 대령한다. 나도 아이와 함께 베개의 생일을 축하해 주고, 아픈 베개를 걱정해 준다. 베개를 잘 돌보는 우리 아이가 어찌나 귀엽고 기특하던지 이제 큰 언니가 되었다며 칭찬을 해줬더니 며칠 사이 정말 의젓해진 것 같았다.

《따뜻하고 단단한 훈육》(이임숙 저, 카시오페아)이라는 책에서는 이 시기의 아이들은 욕구를 반영하여 상상의 세계를 만들고 여러 상징을 사용하는 능력을 발달시킨다고 한다. 그래서 이러한 가상 놀이는 18개월부터 시작해서 만 5세에서 6세경에 최고조에 달하며, 가상 놀이를 통해 유아기 아이들은 그 상상의 세계에서 배우고 자라게 된다고 한다.

유아기는 모든 사물이 살아 있다고 생각하는 시기이며 가상 놀이의 시기이다

아주 오래된 기억이지만, 나 또한 상상의 세계에 흠뻑 빠져있었던 어린 시절이 생각이 난다. 어느 날 방바닥에 누워 있는데 난쟁이 요정들이 우리 집 책장을 줄지어서 걸어가고 있었다. 지금 생각해 보면 잠에서 덜 깨어 비몽사몽 한 상태에서 책 속에 나온 요정들을 내 눈앞에 불러온 게 아닌가 싶다. 어쨌든 나는 한동안 요정이 있다고 믿었고 상상의 나래를 펼치며 즐거운 날들을 보냈었다. 지금도 내 마음 한구석에는 피터 팬의 네버랜드와 같은 동심의 세계가 자리 잡고 있어서 그런지 우리 아이와 가상 놀이를 하며 놀 때면 나도 모르게 신이 난다.

나는 아이에게 그림책을 읽어 주면서 책 속에 펼쳐지는 무한한 상상의 세계에 놀란다. 하지만 요즘 우리 아이를 지켜보면 그림책보다 더 커다란 상상의 세계를 가지고 있는 것 같다. 그 상상의 세계에서 아이는 좋았던 감정은 다시 되새기며 즐거워하고, 무서웠던 감정은 다시 떠올리며 마음을 단련시키기도 한다.

모든 사물은 아이가 원하는 대로 변신하고 살아 숨 쉬는 생명체가 된다. 아이의 상상력에는 한계가 없다. 이것이야말로 아이의 특징이고 특권이 아닐 수 없다. 유아기 시기의 아이를 이해하고 아이와 함께하고 싶다면 부모들도 주저하지 말고 아이의 상상 세계로 들어가자. 오늘은 또 어떤 세계가 펼쳐질까?

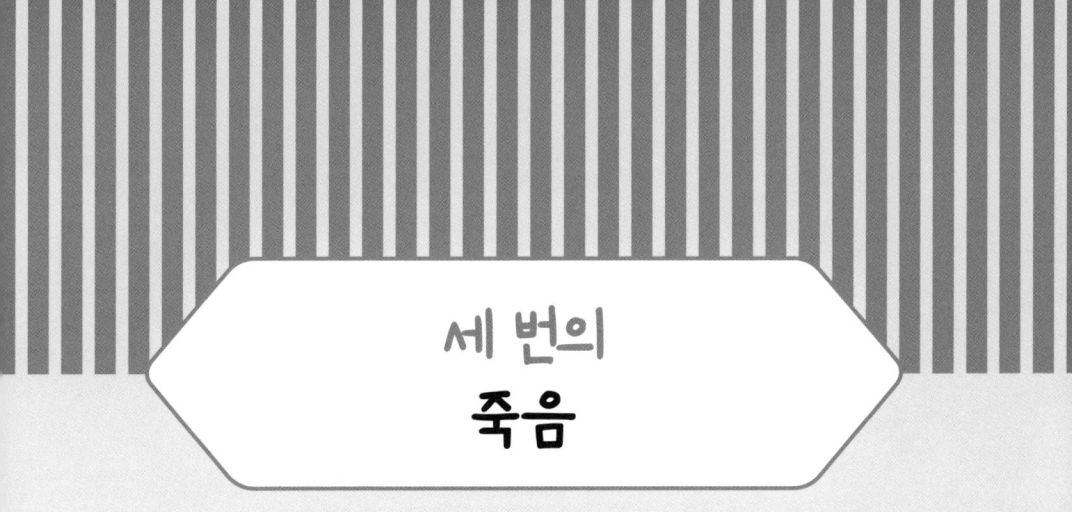

세 번의 죽음

아이를 낳고 가장 두려웠던 것은
아이의 죽음이었다

방문 사이로 보인 죽은 몸은 마치 딱딱한 통나무처럼 보였다. 아침에 쓰러지신 할머니는 그날을 넘기시지 못하고 할머니 방에서 조용히 숨을 거두셨다. 며칠 전만 해도 할머니는 자신의 콜라를 다 마셔버린 내 동생에게 눈을 흘기셨는데, 아무 말씀도 남기지 못하고 돌아가셨다. 난생처음으로 죽음을 눈앞에서 보았고 영혼이 빠져나간 몸은 낯설게만 느껴졌다. 사실, 할머니는 엄마의 고모였고 자식이 없으셨다. 엄마가 어렸을 때 집안 사정이 어려워져 고모 집으로 가게 되었고 몇 년을 함께 살았다고 했다. 엄마가 할머니의 집을 떠난 후로도 할머니는 엄마를 딸처럼 여기셨고 엄마도 일찍 돌아가신 자신의 엄마 빈자리를 할머니로 채우시는 것 같았다. 원래 우리 가족은 서울에서 살았고 할머니는 경상남도 남지라는 곳에 사셨었다. 그런데 할머니는 갑자기 자신의 재산을 다 정리하시더니 우리 집으로 오셨다. 그렇게 오신 지 1주일도 안 된 어느 날 갑자기 쓰러지신 것이다. 자신의 죽음이 다가오는 것을 무의식적으로 느끼고 계셨던 걸까?

　10년 전 동생은 우리 가족 곁을 떠났다. 동생은 아직 30살도 되지 않은 나이에 3개월 시한부를 선고를 받았다. 암세포가 복부 전반에 퍼져 수술조차 할 수 없었다. 믿기지 않는 사실이 우리 가족에게 일어난 것이다. 미련하게 자기 아픈 것도 모르고 이 상태가 되도록 있었다니, 동생이 미웠다. 너무 슬퍼서 미웠다. 항암 치료를 받으면서 우리는 희망의 끈을 놓지 않았었다. 이곳저곳에서 암을 이겨낸 다양한 사례들이 우리에게 희망을 주었지만 1여 년 만에 희망은 끝나버렸다. 동생은 응급차에 실려 병원에 갔고 강한 모르핀 투여로 온전한 정신으로 이야기할 수 있는 시간은 점점 적어졌다. 차라리 고통 없는 곳에서 편안히 쉬길 바랐다. 동생의 마지막 의지에도 불구하고 동생의 몸은 죽음으로 달려갔다. 병원에 입원한 지 1주일이 채 되지 않은 추운 겨울밤, 자정이 가까워진 시간에 동생은 우리 가족 곁을 떠났다. 동생의 눈에서는 눈물이 흘렀다. 영혼의 눈물, 말로는 못 하는 작별의 눈물이었을 것이다.

 시간은 나를 위로해 주었고 죽음에 대해 점점 무뎌지게 만들었다. 그런데 아이를 낳고 나서 죽음은 다른 모습으로 나에게 찾아왔다. 이전의 죽음들이 슬픔이었다면 이번은 공포로 다가왔다. 아기를 낳고 처음 집으로 데려왔을 때 나는 뜨거운 불덩이를 안고 살얼음을 위를 한 발자국씩 내딛고 있는 기분이었다. 이 불덩이를 내려놓게 되면 불덩이도 얼음도 다 사라질 것 같았다.

==내가 아기를 낳고 가장 두려웠던 것은==
==힘든 육아 생활도, 늘어난 뱃살도 아니었다==
==아이러니하게도 아기의 죽음이었다==

아기가 탄생하자마자 죽음이라니…. 이런 생각이 떠오르게 될 줄 상상도 못 했었다. 너무나도 작고 예쁜 나의 아기가 죽는 상황들이 머릿속에 그려졌다. 마치 죽음에 대한 예행연습이라도 하듯이 말이다. 그럴 때면 온몸이 떨리면서 심장 박동 수가 빨라지고 식은땀이 났다. 한시라도 아이에게서 눈을 뗄 수가 없었다. 나와 아기의 행복한 시간을 질투라도 하는 듯이 나쁜 생각이 불쑥 튀어나왔다. 그럴 때마다 나는 고개를 힘차게 저으며 잊어버리려고 애썼다. 하지만 또다시 어두운 생각이 스멀스멀 기어 나왔다. 아기가 죽을까 봐 두려웠다. 아기가 죽은 상황이 자꾸 머릿속에 그려진다는 말을 아무한테도 할 수 없었다. 이런 상황은 몇 달 동안 지속되었고, '상담이라도 받아봐야 될까' 하는 생각이 들었다. 하지만 아기 돌보느라 내 몸 추스르기도 힘들었던 시기에 내 마음까지 돌보기란 여간 힘든 일이 아닐 수 없었다. 불안한 감정을 붙잡으며 하루하루를 견디어 냈다.

정신 분석학자 프로이트는 우리 정신은 무의식이 대부분을 차지하고 있는데 의식은 무의식을 보호하는 역할을 한다고 보았다. 그리고 무의식은 자극이 없는 상태를 선호하기 때문에 큰 자극이 들어오면 무의식을 보호하기 위해 의식이 작동한다고 하였다. 그리고 《쾌락 원칙을 넘어서》라는 그의 저서에서 삶의 본능(에로스)과 죽음의 본능

(타나토스)이라는 유명한 개념을 설명하며, 삶의 본능과 죽음의 본능은 공존한다고 하였다. 프로이트에 이론에 근거해서 생각해 보면, 아기가 탄생한 처음 몇 달간은 행복감이 극도의 쾌락(에로스)으로 다가왔기 때문에 평온했던 내 무의식이 과대한 에너지로 넘실대기 시작했고, 이에 나의 의식이 죽음(타나토스)이라는 표상을 만들어 그 에너지를 낮추는 작동을 했던 것이라 생각된다. 그 후 아기와의 생활이 일상이 되고, 행복의 감정이 일상화되면서 죽음에 대한 생각도 점차 사라져 갔다. 나의 무의식이 다시 평온을 되찾아가면서 에너지를 낮추려는 의식의 활동도 점점 줄어들게 되었다. 프로이트는 우리에게는 '신비스러운 자기 학대적 성향이 있다'고 했는데, 바로 내 상황을 말하는 것인 것 같았다. 내가 제대로 프로이트가 말한 개념을 이해한 것인지는 모르겠으나 내 상황을 이해하는 데에는 도움이 되었다.

  세 번의 죽음을 겪으며 나는 죽음이 삶과 동시에 살아가고 있다고 느꼈다. 그런데 죽음을 마주하며 사는 삶이 나쁘지만은 않다. 우선은 살아 있음에 감사하게 된다. 또, 헛된 욕심을 자제할 수 있다. 그리고 정리하는 삶을 살아가게 해 준다. 그럼에도 불구하고 한동안은 네 번째 죽음은 찾아오지 않았으면 좋겠다.

(남긴) 밥 잘 먹는 예쁜 엄마

아이가 남긴 밥도
이제 아무렇지 않게 먹어요

"지효 엄마는 지효가 남긴 밥 먹어요?"

"네, 먹어요. 하하하."

"저도 먹어요. 호호호."

사실 누가 남긴 밥을 먹는다는 것은 쉬운 일이 아니다. 아무리 가족 간이라도 말이다. 그런데 내가 밥을 먹다 남기면 우리 엄마는 아깝다며 드셨다.

"엄마, 그냥 버려요. 얼마 남기지도 않았는데…."

"버리긴 왜 버려, 아깝게. 내가 먹으면 되는데…."

그때 나는 내가 남긴 그 한 숟가락이 뭐가 아까울까? 반찬이며, 내 침이며, 다 묻었는데 비위도 좋으시다고 생각했다. 근데 어느 순간 나도 내 아이가 남긴 밥이며 반찬을 싹싹 긁어 먹고 있는 것이 아닌가? 나도 처음에는 못 먹었다. 아니, 먹을 생각도 들지 않았다. 아이가 남긴 밥은 이것저것 묻고 다 식어서 맛도 없어 보였다. 그러던 내가 어쩌다가 아이가 남긴 밥을 먹고 있는 걸까? 게다가 아이가 뱉어낸 것도 날름 먹어버린다. 그 모습을 본 신랑은 깜짝 놀라며 나를 향해 의미심장한 미소를 띠며 엄지를 세운다. 도대체 왜 나는 아이가 먹던 것을 먹는 것일까?

아이를 낳기 전에는 엄마가 해주는 밥, 음식점에서 나오는 밥, 그냥 나 혼자 대충 한 끼 만들어 먹는 밥을 먹었다. 하지만 아이를 낳고 상황은 달라졌다. 요리를 제대로 해 본 적도 없이 살아온 나에게 가장 힘든 미션이 생긴 것이다. 바로 '매일매일 아이의 하루 세 끼를 해결하라!'였다. 그것도 영양소까지 생각하며 골고루 말이다.

이럴 줄 알았으면 요리 좀 하면서 살 것을…. 식재료 선택에서부터 손질 방법, 요리 방법까지 무지의 상태에서 하나씩 터득하자니 시험을 코앞에 두고 벼락치기를 하는 기분이었다. 지금 생각해 보면 이유식은 정말 쉬운 것이었는데도 그때는 요리책을 사서 밑줄을 쳐가며 공부했다. 이유식을 지나 유아식으로 넘어오자 더 큰 산들이 기다리고 있었다. 이번에는 유아식 요리책을 5권이나 사서 보기 시작했다(원래 요리 못하는 사람이 이 책 저 책 많이 산다). 그렇게 이유식 만들기도 1년이 넘어가니 조금씩 요리에 눈이 떠지고 융통성이 생기기 시작했다. 하지만 아직 맛은 모르겠다. 아이가 말을 제법 하기 시작하면서 가끔 "맛없어요.", "이상한 것이 있어요."라고 당황스러운 말을 한다. 아마 진짜 맛없어서 하는 말은 아닐 거야라고 생각하며 스스로 위로한다.

내가 매일 아이를 먹이기 위해 차리는 밥상은 그동안 요리와 사투를 벌이고, 공부하고, 연습해서 만들어진 것이다.

그렇다 이 밥은 나의 피, 땀, 눈물이다
그러니 버릴 수가 없는 것이다
그래서 나도 모르게 남긴 밥을
싹싹 긁어 먹고 있었던 것이었다

더불어 식재료 자체의 정보나 어떻게 재배되는지도 알게 되니 하나하나가 소중하게 여겨졌다. 쌀 한 톨이 만들어져서 우리 밥상에 오기까지 많은 노고가 담겨 있으니 싹싹 긁어 먹으라고 하던 옛말이 틀린 게 하나 없다.

　일본 유명 작가 다나베 세이코가 쓴 에세이 중 1980년대 일본 50대 여성들의 일탈(망가짐)에 대해 쓴 글이 있다(그 당시 사회 문제였다). 내용인즉, 음식을 귀하게 여기며, 밥풀 하나까지도 남기지 말고 먹어야 한다는 것이 그 당시 50대 여성들의 교양이었는데, '이젠 나도 몰라' 하며 음식을 버리기 시작하면서 식습관이 붕괴하였다는 것이다. 그리고 그것이 50대 여성들의 일탈 원인 중 하나라고 지적했다. 그만큼 그녀들에게 음식은 소중한 것, 정체성을 이루는 것이었나 보다. 어쨌든 나도 남은 밥을 버리는 것이 쉽지 않아졌다. 아마 나뿐만이 아니라 많은 엄마가 그럴 것이다. 나는 남긴 밥도 잘 먹는 예쁜 엄마들을 응원하고 싶다. 단, 남긴 밥 먹고 내 밥까지 잘 먹다가 어느 순간 허리 살이 한 줌 더 잡히는 불상사가 발생할 수 있으니 자신의 밥은 적당히 조절합시다.

청개구리를 낳았나 보다

점점 고집이 세지고 자기주장이 강해지더니
결국 청개구리가 되었다

20개월쯤부터였을까, 뭐든지 "아니야, 아니야."라고 말하기 시작했다. 옆집 친구는 "싫어, 싫어."라고 말하고 또 그 앞집 친구는 "안돼, 안돼." 하며 말했다. 아이들이 자아를 인식하기 시작하면서 부정어를 쓰고 엄마가 시키는 대로 하지 않으면서 쾌감을 느낀다고 한다던데, 드디어 그런 날이 온 것이었다. 아이를 낳고서는 제대로 먹지도 못하고 잠도 못 자서 좀비처럼 살았었다. 그때 육아 선배 친구들이 갈수록 신체적으로 힘든 것보다는 정신적으로 힘들어진다고 했었다. 두 돌이 가까워지니 그 말이 이해 가기 시작했다. 아이가 맥락 없이 '아니야'를 남발할 때는 정말 부처님, 하느님을 다 모시고 와 내 마음을 진정시켜야 했다. 한동안 '아니야'에 집중하더니 거기에 또 하나가 추가되었다.

"내가 할 거야!"

뭐, 자기 스스로 한다고 하면 두 팔 벌리고 환영해야 할 일이지만 이것 또한 인내심을 필요하게 했다. 자기 스스로 하고 싶은데 신체적 운동 능력이 따라주지 않으니 짜증을 내고 울고불고 난리였다. 그런데 잘 안 되는 것 같아서 옆에서 도와주면 더 난리가 난다. 자기가 해야 하는데 엄마가 해버렸기 때문이다. 아이를 도와줄 때는 자존심이 상하지 않게, 몰래, 노련하게 도와주어야 했다. 엄마가 도와줘서 된 것이 아니라 자기 스스로 성취한 것으로 해야 했다. 두 돌도 안 된 아이가 뭘 알겠냐 하지만 자존심도 있고, 눈치도 있고, 알건 다 안다. 그런데 너무 어려운 것을 시도할 때는 지금은 할 수 없다는 것을 이해시켜야 했다. 그래서 '언니 작전'을 쓰기 시작했다. "이건 언니가 되어야 할 수 있어."라고 말하니 이해하고 받아들였다. 놀이터에 갈 때마다 언니들이 노는 것을 보고 그때마다 언니들은 그네도 혼자 타고, 흔들 다리도 혼자 갈 수 있다고 이야기를 해주어서 그런지 '언니'는 자기보다 크고 더 많은 것을 할 수 있는 존재라고 생각하는 것 같았다. 그런데 예상치 못한 전개가 이루어졌다.

=="전 언니예요!"==

맙소사! 자신을 스스로 '언니'로 칭하기 시작한 것이다. "우리 지효는 너무 귀여워."라고 말하면 단호하게 자신은 귀엽지 않고 '언니'라고 하는 것이었다. 아기 지효라고 해도 아니라고 하고, 예쁜 지효라고 해도 아니라고 하고 자신은 언니 지효라고 말하는 것이었다. 그 후로 무엇 하나 해내면 언니라고 하며 뿌듯해했다. 그 모습이 너무

웃기기도 하고 대견하기도 했다. 언니 지효가 되니 나쁘지 않았다. "우리 지효 이제 언니니까 혼자 누워서 자야지.", "언니는 기저귀 안 하는데." 등 언니를 소환하면 웬만해서는 내가 원하는 대로 되었다. 하지만 한동안 언니 놀이에 푹 빠져서 지내는가 했는데 점점 효과가 떨어지기 시작했다.

"이제 다 컸어요!"

26개월을 지나갈 때쯤 되니 이제는 다 컸다고 하고 다닌다. (너 아직 멀었거든!) 그러더니 청개구리처럼 반항하기 시작했다.

"지효야, 우유는 저기 의자에 앉아서 마셔."라고 말하니 날 한번 쓰윽 쳐다보더니 서서 먹는다. "지효야, 이제 목욕하자."라고 했더니 "싫어요." 하며 도망가 버린다. 그래서 "지효야 목욕하지 말자, 목욕하면 안 돼."라고 했더니 목욕하러 간다고 한다. 오, 신이시여.

몇 달 전부터 두 발 뛰기를 열심히 연습하기 시작했었다. 마음은 두 발 뛰기인데 한 발씩 뛰어지고 있었다. 그렇게 몇 달을 연습하더니 이제 두 발로 제법 잘 뛰게 되었다. 두 발로 뛸 수 있다는 사실이 아이에게는 엄청난 성취였나 보다. 하루종일 집안 곳곳을 다니며 두 발로 뛴다. 그 모습이 마치 개구리 같다. 아무래도 청개구리가 되려고 그렇게 열심히 연습했나 보다. 게다가 "개굴개굴 개구리~" 하며 노래를 얼마나 좋아하는지 매일 큰 소리로 불러 댄다. 목청도 좋아서 집이 쩌렁쩌렁 울린다. 그런데 이 청개구리에게는 어떤 작전을 써야 할까?

아이 마음속 클래식 씨앗 심기

아이와 함께
클래식을 즐길 수 있는 삶을 위하여

대학 시절에 한 친구가 소개팅을 나갔다 오더니 소개팅에 나온 남자에 대해 한숨을 쉬며 이야기하기 시작했다. 그 남자의 취미가 음악 감상이라 해서 자신도 음악을 좋아하니 대화가 되겠다고 기대했는데 갑자기 클래식 이야기를 하기 시작했다는 것이다. 바흐의 무슨 곡, 무슨 장조, 작품 번호 몇 번이라고 하는데 바흐만 알아듣고 그다음은 무슨 소리를 하는 건지 도통 알 수가 없었다고 했다. 교양 없어 보일까 봐 아무 말도 못 했다는 친구가 얼마나 당황했을지 충분히 이해가 갔다. 그 당시 우리가 아는 것이라고는 교과서에 실린 곡이나 광고나 영화에 삽입된 몇 곡뿐이었다. 사실 안다고도 할 수 없고 들어 봤다고는 말할 수 있는 수준이었다.

　클래식을 듣거나 연주회를 다니는 사람을 보면 나와는 다른 사람이라 생각했다. 고상해 보이기도 했지만 잘난 척하는 것처럼 보이기도 했다. 악기를 다루거나 클래식을 전공하는 사람이 아니고서야 클래식을 듣는다는 것은 특별한 일이었다. 나도 내 돈 주고 연주회 티켓을 사서 가본 적도 없고 어쩌다 티켓이 생겨서 연주회를 가게 되면 맞지 않은 옷을 입은 듯 어색했다. 가만히 앉아서 연주를 듣고 남들이 언제 박수를 치는지 눈치를 살피다가 박수를 치면 나도 감동한 듯 열렬히 박수를 쳐야 했다.

클래식은 나와는 동떨어진 먼 세상의 것 같았다

　직장 생활을 할 때는 매일 아침을 유쾌한 라디오 프로그램을 들으며 시작했었다. 그런데 좋아했던 DJ가 그 프로그램을 떠나게 되었고 그 후 다른 프로그램을 찾아 이리저리 주파수를 돌리며 여러 라디오 프로그램을 전전했지만 딱히 마음에 드는 프로그램이 없었다. 그러다 어느 날 'KBS 클래식 FM'이라는 라디오 프로그램을 만나게 되었다. 마땅히 주파수를 맞출 곳이 없어서 그냥 틀어 놔 보자는 생각에 며칠 클래식을 들으며 출근 준비를 했다. 이전처럼 정신이 번쩍 들게 활기차지는 않았지만 바쁘고 힘든 마음이 편안해지는 것 같았다. 나름 클래식과 함께 아침을 맞이하는 것이 괜찮았다. 그렇게 클래식에 대해 알지도 못하는 내가 아침마다 클래식을 듣게 되었고 점점 클래식이 좋아지기 시작했다.

　결혼을 하고 임신과 출산 그리고 육아를 하면서도 거의 매일 클래식 라디오를 들으며 아침을 시작했다. 임신을 하면 태교로 클래식을 들어야 한다고 하는데 사실 꼭 클래식을 들을 필요는 없다. 모차르트 음악을 들으면 아이 머리가 똑똑해진다는 것도 잘못된 연구 결과로 결론이 났다. 클래식을 듣는 것이 곤욕이라면 억지로 들을 필요는 없다. 엄마가 듣고 싶은 음악을 듣고 행복한 마음이 아이에게 전해지는 것이 더 좋다.

그럼에도 불구하고 클래식을 들을 수 있다면
듣는 것이 좋다고 생각한다
클래식은 시공간을 초월해서 사람들에게
아름다운 울림을 주기 때문이다

18세기의 모차르트와 베토벤의 음악이 21세기의 사람과 여전히 소통한다는 것은 모차르트와 베토벤의 음악 속에 인간 내면에 존재하는 보편적인 감정들이 녹아 있기 때문일 것이다. 클래식의 사전적

정의는 고전 음악이지만 그 외에도 대표적인, 최고 수준의, 유행을 타지 않는 등의 의미로 클래식이라는 단어를 사용된다. 클래식 음악은 이 모든 의미를 내포하고 있다.

내가 아침마다 클래식을 들으니 우리 아이도 자연스럽게 클래식을 듣게 되었다. 사실 아이가 듣고 있는 건지는 알 수가 없었다. 그런데 생후 26개월이 지나가던 어느 날 바이올린만으로 연주되는 곡을 틀었더니 대뜸 "엄마, 이건 무슨 소리예요?"라고 묻는 것이었다. "이건, 바이올린 소리야."라고 대답을 해주었더니 나름 감상을 하는 것 같았다. 또 어떤 날은 "이건 노래가 없네?"라고 말을 하기도 했다. 아마 동요처럼 가사가 없다는 뜻이었을 것이다. 나는 "이건, 악기 소리만 있는 노래야."라고 대답해 주었는데 이해를 했는지는 모르겠다.

며칠 전에는 '젓가락 행진곡'을 틀고 곡명을 말해주니 행진곡이 뭐냐고 물었다. 설명하기가 힘들어 진짜 젓가락을 들고 음악에 맞춰 젓가락이 앞으로 나아가는 모습을 보여주었다. 재미있어 보였는지 자기도 해본다며 내 손에 있던 젓가락을 빼앗아 갔다. 아이는 '젓가락 행진곡' 음악에 맞춰 열심히 젓가락을 움직이며 즐거워했다.

당연한 일이지만 아이는 클래식보다는 동요를 더 좋아한다. 앞으로도 동요, 더 성장해서는 대중가요를 더 좋아할 가능성이 훨씬 크다. 클래식을 듣지 않아도 사실 살아가는 데 문제는 없다. 하지만 내가 클래식을 듣고 나서 보니 클래식을 듣지 않는 삶보다는 클래식'도' 즐길 수 있는 삶이 더 좋다는 생각이 든다.

==그래서 우리 아이의 마음속에 클래식의 씨앗을 심어 두고 싶어졌다==

우리 아이가 자라면서 클래식이라 하면 고지식하고, 졸리고, 특별한 취향의 사람들만이 듣는 음악이라는 편견을 갖지 않고 그 속의 아름다움을 볼 수 있었으면 좋겠다. 클래식으로 삶이 더 풍요로워지면 좋겠다.

여전히 나는 클래식에 대해 잘 모른다. 하지만 음악적 지식 없이도 마음속 울림만으로도 충분히 클래식을 들을 수 있다. 그런데 좋아지면 저절로 알고 싶은 욕구도 생긴다. 이제야 나도 조금씩 더 알고 싶은 생각이 들기 시작했다. 연주회도 가보고 싶어졌다. 최근에는 아이들을 대상으로 하는 연주회도 많이 생기고 있다고 하니 반가운 소식이 아닐 수 없다.

  오늘은 아이와 함께 어떤 클래식 곡을 들어볼까 고민하다가 비발디 '사계'의 봄 1악장을 선택했다. 이제 봄도 오고, 창문 너머 목련꽃이 만개한 모습을 보니 이 곡이 제격일 것 같다. 겨우내 움츠렸던 꽃이며 우리 몸과 마음이 따뜻한 햇살을 받고 기지개를 켜는 듯한 느낌이다. 아이는 비발디 '사계'의 봄이 흐르는 거실에서 소꿉놀이를 하고 있다. 오늘도 우리 아이의 마음속에 봄기운을 가득 실은 씨앗 하나를 심어야겠다.

소심하게 말해보는
육아 팁들

육아 3년 차인 나에게도
육아 노하우가 있었으니…

아이를 키우다 보면 '이럴 땐 어떻게 해야 되지?'라는 물음을 하루에도 수십 번 하게 된다. 육아 서적도 찾아보고 블로그나 카페의 글도 참고하고, 친구들에게 물어도 보지만 내 아이에게 딱 맞는 처방전을 찾기란 힘들다. 그래도 이것저것 시도를 해 볼 수 있는 것이 무엇을 해야 할지 모르는 상황보다는 훨씬 낫다. 이제 겨우 3년 차 육아지만 나도 나름 육아를 하면서 터득하게 된 방법들이 있다.

1. 인형을 친구로 만드세요
엄마보다 친구 말을 더 잘 들을 때가 있어요

나는 아이가 어릴 때부터 인형 친구를 많이 만들어 줬다. 그냥 인형들을 사주고 옆에 둔 것이 아니라 인형 하나하나에 이름을 붙여주고 마치 살아있는 것처럼 아이에게 인사도 하고 안아주며 말도 걸어줬다. 특히 손을 넣어서 움직이는 인형은 더 재미있어 한다. 많은 아이가 그렇겠지만 우리 아이는 밥을 차려 놓으면 밥을 먹으러 오지도 않고 가만히 앉아 있지도 않고 입도 잘 벌리지 않았다. 그때 인형 친구들 이용하였다.

우선 1단계는 친구들과 함께 밥을 먹자고 한다. 그럼 흥미를 보이고 밥상으로 스멀스멀 다가온다. 2단계는 친구들도 나란히 앉혀 놓고 같이 밥을 먹여 준다. 친구 한 입, 그리고 아이 한 입. 아이는 친구들도 먹는다고 생각하는지 입을 벌려서 먹는다. 그런데 이것도 안 통하는 날은 손 인형이 필요하다.

3단계는 손 인형을 손에 끼고 인형이 밥을 먹여 주듯이 먹인다. 엄마가 주는 것은 안 먹는데 인형 친구가 주는 것은 먹는다. 여기서 중요한 것은 인형이 살아있는 듯이 목소리를 변조해서 "내가 맛있는 밥을 줄게."라든지 "숟가락이 무거워 빨리 먹어주세요."라든지 놀이를 하듯이 해야 한다. 밥 먹이기 참 힘들다. 그래도 이렇게 해서라도 먹이고 싶은 것이 엄마 마음이다. 안 먹는 아이를 키우는 엄마라면 공감될 것이다. 밥이 아이 입 속으로 들어갈 때 얼마나 행복한지.

이 방법은 돌 전 이유식을 먹을 때부터 두 돌이 지난 지금까지도 내가 애용하는 방법이다. 물론 이제는 친구들을 소환하는 횟수가 확연히 줄었지만 우리 집 소파 위에 나란히 앉아있는 인형들은 나에게 천군만마와 같은 큰 힘이 되어준다.

2. 그림책을 재미있게 읽어주세요
집중력도 좋아지고 관찰력도 늘어요

아이가 책을 좋아하는 기질인 것인지 내가 책을 많이 읽어주다 보니 좋아하게 된 것인지 알 수는 없지만 아이가 아직까지는 책을 좋아하고 많이 읽는다. 아이가 책을 좋아하면 정말 큰 행운이다. 왜냐하면 육아가 더 쉬워지기 때문이다. 하루 종일 놀아주는 것도 한계가 있고 놀이도 계속 바꿔가면서 놀아줘야 되는데 책을 읽기 시작하면 1시간이 훌쩍 지나간다. 목이 많이 아프긴 하지만 체력 소모는 덜하니 내 적성에 맞다. 그리고 아이가 내 무릎에 앉아서 책을 보게 되니 아이와 스킨십도 많이 하게 된다. 그런데 당연한 말이지만 아이들은 책을 재미있게 읽어줘야 좋아한다. 그냥 쓰인 단어, 문장을 건조하게 읽거나 아이의 수준에 맞지 않게 너무 길게 읽으면 재미없어서 다른 놀이를 하려고 가버린다. 그런데 내가 읽어주는 방식이 재미있는지 우리 아이에게 읽어주면 귀를 쫑긋 세우고, 아이의 친구들도 우리 집에 오면 나에게 책을 읽어달라고 한다.

우선 나는 그림책을 읽을 때 책에 쓰여 있는 내용을 참고하여 더 많은 이야기를 해주며 설명보다는 대화를 더 추가한다. 그리고 아이들은 그려진 배경 그림들까지 하나하나 설명해 주면 재미있어한다. 예를 들어 "어머, 여기 나비도 있고, 벌도 있네.", "이 지붕은 빨간색 세모 모양이네." 등 새롭고 신기한 것을 발견하여 신나는 듯이 읽어준다. 이렇게 읽어주다 보니 아이는 그림책 구석구석을 보면서 "여기 무당벌레도 있고, 잠자리도 있어요!"라고 말하며 내가 발견하지 못한 것을 먼저 말하기도 한다.

그림책의 문장은 작가분들이 고민하고 또 고민해서 쓰신 문장들이다. 엄마가 쓰는 단어에는 한계가 있기 때문에 이 문장도 아이에게 반드시 읽어 주어야 하지만 매번 똑같이 읽어 주면 지루해진다. 그림책 속의 캐릭터 입장이 돼서 다양한 대화를 만들고 아이에게도 말을 걸어보면 몇 번을 반복해서 읽어도 재미있다.

3. 동요를 많이 부르고 노래 부르듯이 말해주세요
명랑한 아이가 돼요

나는 산후 우울증을 동요로 극복했다. 좀 우울하다 싶으면 큰 소리로 동요를 불렀다(육아 친구 동요 편 참고). 어릴 때부터 노래를 좋아해서 알고 있는 노래도 많았지만 여기저기서 얻게 된 동요 CD를 통해서 더 많이 알게 되었다. 동요를 즐겨 부르니 아이가 말문이 트이면서 이 노래, 저 노래 불러 달라며 요청하기 시작했고 이윽고 두 돌이 되기 전부터 혼자서 노래를 부르기 시작했다. 생후 27개월이 다가오는 요즘은 어찌나 노래를 부르는지 잠에서 깨자마자 노래를 부른다.

나는 말을 할 때도 노래를 곁들여서 할 때가 많다. 예를 들어 손을 씻어야 한다면, "손을 씻으러 갈까요~ 이야이야오."(노래 'Old MacDonald Had A Farm'에 맞춰)라는 식으로 한다. 이렇게 뮤지컬처럼 일상 대화 속에 노래를 불러주니 엄마 말에 집중하고 재미있어한다. 이제는 내가 안 해도 혼자서 놀면서 '이야이야오' 음정에 맞춰 말을 하기도 한다. 정말 아이들은 어른이 하는 대로 따라 하는 것 같다.

일상을 음악과 함께하니 아이가 명랑하다. 그러니 나도 덩달아 기분이 좋아진다. 요즘은 평소 안 듣던 새로운 소리나 음악을 들으면 "이건 무슨 소리예요?"라고 묻는다. 그럼 나는 "이건 윗집에서 청소기를 돌리는 소리야.", "이건 기타 소리야.", "이건 피아노 소리야."라고 대답해 주느라 바빠졌다. 그 외 다른 좋은 점들도 나타났다. 노래를 좋아하다 보니 영어로 된 노래도 좋아하면서 자연스레 영어 동요를 부른다는 것이다. 영어를 노래로 접하니 거부감도 없고 흥미 있어 한다. 또 숫자 노래를 통해 숫자 세기도 빨리 터득했다. 학습을 위해 노래를 부르지 않았지만 학습 효과까지 나타난 것이다.

4. 집안일을 시키세요
규칙을 빨리 이해하고 의젓해진답니다

아이가 스스로 걷게 되고 자신의 신체를 어느 정도 컨트롤 할 수 있게 되면, 엄마를 졸졸 쫓아다니는 껌딱지 시기가 온다(껌딱지 시기는 사라졌다 나타났다를 계속 반복한다). 그리고 엄마가 하는 것은 뭐든지 궁금해하고 같이하고 싶어 한다. 그럴 때는 집안일을 하기가 무척 힘들어진다. 밥도 해서 밥을 먹여야 되고, 세탁기도 돌리고, 옷도 개어야 하고, 청소도 해야 하는데 엄마에게 계속 놀아달라고 한다. 이때 "잠시만 기다려.", "이거 하고 해줄게."라고 백번 말해봤자 소용없다. 정말 급한 일이 아니라면 놀아주는 것이 좋다. 계속 아이를 기다리게 하면 아이도 실망과 불만만 쌓이게 된다.

  그래도 집안일은 해야 되니까 이럴 때는 아이에게도 가벼운 집안일을 시키면서 같이 하면 된다. 마치 놀이처럼 아이도 집안일을 하게 만든다. 밥을 해야 되면 쌀을 씻는 것을 보여주면서 함께 쌀을 씻고, 청소를 해야 되면 아이 손에 수건이라도 쥐여 주면서 여기저기 좀 닦으라고 하면 좋아한다.

아이랑 함께하면 물론 시간도 배로 걸리고 일을 더 만들 수도 있지만, 집 안에 울음소리는 들리지 않는다. 이렇게 여러 가지 집안일을 시키다 보니(물론 아주 쉬운 일로) 어느새 내가 청소를 하려고 막대 걸레를 꺼내면 아이는 막대 걸레에 끼울 청소포를 꺼내서 자기가 끼운다. 내가 세탁기에서 빨래를 꺼내 오면 빨래 건조대로 먼저 가서 있는다. 그렇게 집안일을 함께 하다 보니 엄마가 뭘 할지 아니까 기다릴 줄도 알게 되었다. "이거 금방 하고 갈게."라고 말하면 이제는 제법 잘 기다린다. 하지만 이런 방법도 소용없는 날도 있다.

사실 육아 팁이라고 적었지만 다른 아이에게는 소용없을 수도 있다. 전문가도 아니라 이 방법이 좋은 방법인지도 모르겠다. 하지만 나도 육아를 하면서 어렵고 막막할 때마다 일면식도 모르는 엄마들이 제공하는 육아 팁에 도움을 받아왔기에 나도 조금이나마 도움이 되고 싶어 소심하게 몇 가지 적어보았다. 부디 누군가에는 도움이 되기를 바란다.

종교 없이 아이 키우기

종교보다는 과학과 철학이
너의 곁에 있기를

나는 기독교 모태 신앙으로 과거 종교가 있었지만 지금은 없다. 남편은 불교 신자인 어머니의 영향으로 불교의 영향을 받고 자랐지만 불교 신자는 아니다. 앞으로 우리 둘 중 누군가가 종교를 가질 확률은 매우 낮다. 둘 다 종교보다는 철학과 과학에 더 관심이 많고 종교에 회의적이라 우리 가정에서 종교로 인한 갈등이 발생할 확률도 매우 낮다. 더불어 우리 가정 내에서 아이에게 종교적 가르침을 행할 일도 없을 것이고 우리 아이가 자신의 의지로 종교를 선택하기 전에는 종교를 가지게 되는 일도 없을 것이다. 그런데 아이가 집 밖을 벗어나기 시작하니 종교적 환경에 대해 고민이 발생하기 시작했다.

　현재 우리 아이가 갈 수 있는 유일한 어린이집은 우리 집에서 가장 가깝고 평판도 좋지만 교회에서 운영하는 곳이다. 내년에는 유치원에 갈 수 있는 나이라 여러 유치원을 알아보는데 마음에 드는 곳이 모두 기독교나 천주교에서 운영하는 곳이다. 기독교적 세계관을 교육한다고 홈페이지에 크게 적어 놓은 곳도 있다. 가정과 교육 기관과의 가치관이 동떨어지게 되면 아이가 혼란스러울 수도 있을 것 같다는 생각이 든다. 하지만 다른 면이 월등히 좋아 유치원 리스트에서 배제하기가 쉽지가 않다. 게다가 유치원도 가고 싶다고 갈 수 있는 시스템이 아니라 언감생심으로 해당 유치원에 가야 되는 상황도 생길 수 있다.

모태 신앙이었던 나는 초등학교 때까지는 아무 의심 없이 기독교 세계관을 그대로 흡수하였다. 하지만 중학생이 되면서는 그 세계관이 전부가 아니고 더 나아가서는 진실이 아닐 수 있다는 의구심으로 치열한 고민을 해야만 했다. 처음 나에게 의문을 던진 것은 학교에서 배우는 진화론과 기독교에서 가르치는 창조론이었던 것 같다. 과학적 증거와 역사적 사실로 증명되는 진화론을 어떻게 받아들여야 할지 매우 혼란스러웠다. 기독교도 여러 종류가 있는데 그때 우리나라는 성경의 이야기를 글자 그대로 해석하는 근본주의적 기독교 성격이 강했던 것 같다. 내가 다니던 교회의 가르침도 그랬다. 하지만 내 아이는 진화론과 창조론 사이에서 고민할 일은 없을 것이다. 더 나아가 종교적 신념과 세속적 생활 사이에서의 갈등도 겪을 필요도 없을 것이다.

최근 《신 없는 사회》(필 주커먼 저, 마음산책)라는 책을 읽게 되었는데 매우 흥미로웠다. 이 책에서는 서구 민주주의 국가 중 가장 비종교적인 국가인 덴마크 사회(북유럽 국가들이 대부분 덴마크와 비슷하다)와 서구 민주주의 국가 중 가장 종교적인 국가인 미국 사회를 비교하였다. 이 책을 읽으면서 놀란 것은 미국이라는 나라가 생각했던 것과는 달리 너무나 종교적이라는 것이었다. 조지 부시 전

대통령이 이라크 전쟁을 하기 전에 하나님께 자문을 구했다고 공식 언론을 통해 이야기를 하고 또 그 발언에 대해 미디어나 사람들이 아무렇지 않게 받아들이는 나라였다. 우리나라에서 그런 이야기를 대통령이 했다면 어땠을까? 반면 덴마크는 국교도 있고 교회세도 내고 있지만 사람들은 종교에 대해 생각할 때가 드물고 종교에 대해 이야기할 때는 그보다도 훨씬 더 드물다고 한다. 이 책의 저자가 한 인터뷰에서 어떤 인터뷰이는 이렇게 말하기도 했다.

"덴마크에서 하나님이라는 단어는 가장 당혹스러운 단어 중 하나예요. 하나님에 대해 이야기하느니 차라리 알몸으로 시내를 돌아다니는 편이 더 나을 정도예요."

덴마크를 비롯한 북유럽 국가 사람들을 소위 합리적인 회의주의자들이라고 부른다. 종교, 과학, 철학적 물음에 정말 그러한지 의구심을 품고 이성적 사고로 그 물음에 해답을 찾으려 한다. 종교뿐만 아니라 어떤 분야에서도 맹목적인 믿음이 없다. 그들의 이런 삶을 대하는 태도가 차갑게 느껴질 수도 있지만 오히려 더 윤리적이고 현실적이라 생각한다. 그래서 그들은 행복하다. 단지 복지가 잘 된 나라여서만은 아니다.

이 책에서는 종교가 없는 세속적인 사회도 분명히 존재한다고 말하고 있다. 그리고 종교가 있는 사회나 사람들이 종교가 없는 사회나 사람들보다 더 윤리적인가를 묻고 있다. 물론 대답은 '아니다'이다. 과거 역사를 봐도 종교 전쟁이 가장 참혹하고 가장 빈번했으며 지금도 자행되고 있다. 종교적 신념이 잘못된 방향으로 나아가 집단적 독선과 독단에 빠지는 일이 허다하다.

 혹자는 신앙 안에서 아이를 키우는 것이 아이를 더 올바르게 키울 수 있다고 말할지 모른다. 하지만 나는 덴마크 사람들과 그들의 사회를 보고 종교 없이 아이를 키우는 것에 대한 내 결정이 아이에게 더 이로울 것이라는 확신이 들었다. 아마도 아이가 종교와 관련해 질문하는 날이 올 것이다. 신의 존재에 대해서도 물을 것이다. 삶의 의미와 존재의 이유에 대해서 물어 올 것이다. 그때 나는 어떤 대답을 해줄 수 있을까?

나는 대답 대신에 과학자들과 철학자들의 책을 건네주고자 한다. 더불어 종교를 연구한 책들도 함께 보여 줄 것이다. 그리고 아이와 함께 합리적 회의주의자 자세로 자신만의 해답을 구하라고 말해주고 싶다. 먼 과거에서부터 수많은 사람들이 지금까지 종교, 철학, 과학을 통해 그 해답을 찾기 위해 노력하였고 현재도 진행형이지만 우리의 삶이 그 해답을 찾기 위함은 아니라는 말도 덧붙일 것이다.

==무엇보다 신에 의지하고 자신에게 주어진 의미를 찾기보다 스스로 의미를 만들고 사유하며 사는 삶을 살라고 말해주고 싶다==

엄마는 분리 불안, 아이는 쏘 쿨(SO COOL)

드디어 아이를
어린이집에 보냈다

2월 중순 어린이집에서 연락이 왔다. 아이는 이제 막 생후 25개월 시기에 들어서고 있었다. 맞벌이 상태도 아니고 다둥이 집도 아니라 어린이집에 보내는 것은 포기하고 있었는데 운 좋게도 내가 신청해 놓은 어린이집에서 만 2세 반(한국 나이로 4세 반)을 더 만들면서 자리가 생긴 것이었다. 올해까지는 집에서 데리고 있다가 내년에 어린이집이든 유치원이든 보내야겠다고 생각하고 있던 터라 갑작스러운 연락에 갈등이 생기기 시작했다. 동네 엄마들이며 친구들이며 가족들 모두 나에게 어린이집에 아이를 보내라고 권유했다. 그런데 나는 마음이 내키지 않았다.

==내 눈에서 아이가 보이지 않는 상황을 상상할 수 없었다==

  생각해보면 나는 아이와 떨어지는 것을 몹시 불안해했다. 거의 1년 동안은 내내 붙어 있었고, 돌이 지나서도 엄마나 남편에게 아이를 맡겼음에도 2시간이 지나면 집에 들어가고 싶을 만큼 불안했었다. 두 돌이 지나서야 저녁 외출도 했지만 아이가 밤잠을 자기 시작했다는 메시지를 받기 전까지는 마음이 편하지 않았다.

아이는 집에서도 잘 놀고 특별히 육체적으로나 정신적으로도 힘들게 하지 않는 편이었다. 1주일에 2번 문화 센터에 가는 것으로 충분했다. 그래서 어린이집에 굳이 보낼 이유가 없다고 생각했다. 하지만 내년에는 어찌 됐든 기관 생활을 해야 하기에 어린이집 설명회에 가보기로 했다. 마음은 이미 70%는 보내지 않는 쪽으로 기울어져 있었다. 그런데 설명회에 가보니 어린이집 원장 선생님은 매우 친절하셨고 선생님들도 모두 좋아 보였다. 아이들이 있는 공간은 넓진 않았지만 아늑해 보였고 탁 트인 외부 놀이 공간은 없었지만 좁지 않은 실내 강당이 따로 마련되어 있었다. 전체적으로 괜찮은 시설이었고 동네에서도 좋은 평판을 듣고 있어서 설명회 동안 나는 '보내볼까?'라는 마음이 점점 커지고 있었다.

그러던 중 만 2세 반은 한 선생님이 아이 7명을 돌봐야 한다는 소리를 듣고 갑자기 불안해지기 시작했다. '혼자 7명을 돌볼 수 있으실까?', '밥이나 제대로 먹으려나?', '소외되어 있는 건 아닐까?', '화장실에 가고 싶다고 하면 어떡하지?' 등 나의 마음은 매우 불안했다. 결국 그다음 날 나는 아이를 어린이집에 보내지 않기로 결론을 내렸다. 내 눈에는 너무 작아서(실제로도 12월생이라 같은 나이의 또래보다 작다) 아직은 엄마 옆에 두어야 될 것 같았다. 그렇게 다시 나는 하루 종일 아이와 붙어 있었다. 그런데 생후 28개월이 지나가면서 상황이 달라지기 시작했다. 아이가 계속 안아 달라며 매달리고 징징거리는 시간이 늘어났다. 점점 문화 센터 수업도 즐거워하지 않았고 혼자서 노는 놀이터도 재미있어하지 않았다. 부쩍 또래 아이들을 관찰하고 관심을 가지는 것 같았다. 아침에 일어나서 낮잠 자기 전까지의 긴 오전 시간을 보내기 위해서는 다양한 활동이 필요했지만 나 혼자 힘으로는 역부족이었다. 변화가 필요한 시기 같았다. 겨울에는 마냥 아기 같았는데 봄이 지나고 여름을 맞이하면서 어느새 아이는 부쩍 자란 것이었다.

==내 마음도 이제 자라야 하는 시기라고 느껴졌다==

나는 어린이집에 다시 전화를 했다. 다행히 자리가 남아있었다. 며칠 뒤 나는 아이의 손을 잡고 어린이집으로 향했다. 아이는 아는지 모르는지 마냥 즐거워했다. 나는 언젠가 하게 될 기관 생활을 위해 평소 유치원에 대한 책을 자주 읽어 주었다. 책 속에는 유치원에서 선생님과 친구들과 재미있게 노는 모습이 그려져 있어서 아이는 자신도 유치원에 가고 싶다는 이야기를 종종 했었다. 아마 책 속에서 본 그곳에 간다고 생각을 하는 것 같았다.

어린이집에 들어서자마자 계속 다니던 아이처럼 신발을 벗고 선생님과 친구들에게도 인사하더니 장난감 탐색에 들어갔다. 첫날은 나도 같이 있어서 그런 건지 40분이 언제 지나갔냐고 할 만큼 재미있게 놀다 왔다. 그다음 날도 어린이집에 도착하자마자 신나게 놀기 시작했다. 선생님 손을 잡고 노래까지 부르면서 손을 씻으러 가고 어제 처음 만난 친구한테도 크게 이름을 부르며 반갑게 인사까지 했다. 셋째 날에는 아이에게 엄마는 잠깐 나갔다 온다고 했더니 아주 쿨하게 그러라고 하는 것이었다.

아이는 어느새 부쩍 커버렸는데
내 마음은 제자리였다
부모는 자라는 아이의 뒷모습에
익숙해져야 한다고 했던가

아이의 뒷모습을 바라보며 어린이집을 나서는데 아이와의 관계가 이전과는 다른 단계로 도약한 것 같았다. 나름 대견하기도 하고 안쓰럽기도 했다. 그리고 여전히 내 마음은 불안했다. 하지만 나도 용기를 내야 될 때가 왔다는 생각이 들었다. 아이를 믿고 선생님을 믿고 나 자신을 믿기로 했다. 우리 아이는 잘 해낼 수 있을 것이다. 아니 아이보다는 내가 잘 해내야 되는 상황이었다.

다시 어린이집으로 돌아가 아이에게 엄마 왔다고 하자 아이는 환하게 웃으며 나에게 달려왔다. 앞으로는 나도 아이도 서로가 없는 시간에 익숙해질 것이다. 그런 사실이 조금 서글프기도 하다. 선생님이 새 가방을 주자 아이는 신나 하며 가방을 메고 씩씩하게 걸어갔다. 어린이집 가방을 멘 아이의 뒷모습에서 앞으로 아이가 가방을 메고 가야 할 긴 여정이 보였다.

==너의 가방이 즐거움과 행복으로 가득 차길==
==엄마가 기도할게==

어린이집에서
문신한 엄마를 만났다

나도 모르게 저지른
편견이라는 잘못

나에게는 정말 고치고 싶은 단점이 있다. 그것은 타인의 몇 가지 행동이나 외향, 사용하는 언어를 보고 과도하게 그 사람에 대해 추론하여 저 사람은 이런저런 사람이라고 그 사람 전체를 판단한다는 것이다. 꼭 고치고 싶은 점인데 잘 되지 않는다. 다행히 판단 사항을 입 밖으로는 잘 표현하지 않아 곤란한 상황이 발생하는 경우는 드물지만 여전히 사람을 관찰하는 나의 레이더는 짧은 시간에도 매우 빠르게 작동하여 결과물을 인출한다.
 며칠 전 아이를 어린이 집에 데려다 주는데 아이들을 데려다 주는 엄마들 사이에서 나는 무언가를 포착했다.

 그것은 바로 양팔에 가득히 그려진 문신이었다

 헉! 나는 겉으로는 동요하지 않았지만 온갖 생각이 들기 시작했다. 첫 번째로 한 생각은 '왜 문신을 저렇게 많이 한 거지?'였고 두 번째로 한 생각은 '아이를 잘 돌볼 수 있는 사람인가?' 세 번째로 한 생각은 '아이에게 부정적이지 않을까?'였다.

평소 문신을 하는 것은 자신의 취향이지만 개인적으로는 좋아 보이지 않는다고 생각했기 때문에 문신과 엄마의 결합이 매우 이질적이고 걱정스럽게 다가왔다. 그런데 나의 생각은 거기에서 멈춘 것이 아니었다. 문신한 엄마를 본 이후, 그 엄마의 아이를 바라보는 나의 태도가 달라졌다는 것을 느낄 수 있었다.

==나는 그 아이를 다른 친구들과 '구분' 짓고 있었다==

그날 이후 그 아이를 볼 때마다 아이 엄마의 문신이 생각났다. 그리고 그 아이가 입은 옷, 헤어스타일 등 그 아이에 대한 모든 것에 인사도 한 번 안 해보고, 말 한마디 나눠보지 않은 그 아이의 엄마에 대한 나의 부정적 인식이 아이에게까지 전이되고 있었다. 게다가 나는 이제 세 돌도 안 된 그 아이의 미래까지도 걱정스럽게 그리고 있었다. 그러던 순간 나는 내가 하고 있는 생각에 흠칫 놀랐다. 그리고 내 자신이 부끄러워졌다. 그 엄마의 문신만 보고 그 엄마와 아이 그리고 아이의 미래까지 섣불리 판단하고 있었던 것이었다. 내가 어린이집 선생님이었다면 그 아이에게 무의식중에 차별을 행했을지도 모른다.

나는 합리적이고 의식 있는 사람이 되려고 노력하지만, 종종 몇 가지 정보로 남을 판단하고 나와 다른 사람을 구분 지으려는 오류를 범한다.

==내가 범하는 오류가 바로 편견이었다==

우리는 타인 그리고 내가 속하지 않은 집단에 대해 가치 판단을 한다. 가치 판단을 하기 위해 우리는 정보를 수집한다. 우리는 그 어떤 시대의 사람보다 정보를 더 빠르게, 편리하게, 다양하게 수집할 수 있는 시대에 살고 있다. 그리고 그 정보로 남들에 대해 더 잘 알 수 있는 환경을 가지고 있다. 그럼에도 불구하고 우리 사회는 오히려 편향된 정보 수집 경향이 높아지고 비슷한 사람끼리만 뭉치는 현상이 강해지고 있다. 다른 집단에 대한 배타성이 커지고 있으며 그 배타성은 편견을 넘어 혐오까지 이어지고 있다.

편견은 자신을 편협하게 만들고 불행하게 만든다. 타인을 불행하게 하고 더 나아가서는 사회를 불행하게 만든다. 그리고 그 불행은 다시 나에게로 돌아온다. 이런 생각을 하고 있으면서도 나 역시 일상생활에서 편견을 생산하고 있는 사람이었다. 그나마 내가 한 생각이 편견이라는 사실을 자각할 수 있어서 다행이었다(하지만 자각하지 못한 편견도 많을 것이다).

내가 문신을 한 엄마와 아이에 대해 가졌던 편견은 위험하고 폭력적인 것이었다

왜냐하면 단순한 부정적 가치 판단에서 멈추는 것이 아니라 다른 방향으로 그 엄마와 아이에게 불이익을 줄 수 있기 때문이다. 내가 가진 편견이 비록 개인적이고 사소한 부분이었을지라도 다른 사람에게도 편견을 심어 줄 수 있었고, 편견이 계속 재생산되는 과정을 거치며 강화되고 고정될 수 있기 때문이다.

아이를 등원시키며 문신한 엄마의 아이를 볼 때마다 내가 했던 생각들을 돌아보며 반성하게 된다. 나 또한 누군가에 의해서 어떤 엄마로 평가되고 그것으로 우리 아이까지 평가의 대상이 된다면 얼마나 속상할까. 이번 일을 계기로 정말 남을 섣불리 판단하는 나의 나쁜 태도에 대해 다시금 돌아보게 되었다. 나부터 잘하자.

어린이집 등원 거부 극복기

쏘 쿨(SO COOL)했던 아이의 등원 거부
그리고 극복

아이가 어린이집에 가게 되면 대부분 4주에 걸쳐 단계별로 적응하는 시간을 가진다.

1단계: 1주 차

엄마와 함께 교실에서 30분 정도 시간을 보낸다. 보통 1단계에서는 엄마가 함께 있고 새로운 장난감들이 많이 있기 때문에 대부분의 아이는 교실 곳곳을 탐색하며 잘 논다. 다음 날도 그다음 날도 신나게 어린이집에 간다.

2단계: 2주 차

10분~20분 정도 아이와 함께 있다가 엄마는 병원 혹은 화장실 등 잠시 나갔다 온다고 하며 30분~1시간 정도 나가게 된다. 우리 아이는 그러라고 하고서는 계속 잘 놀았다. 하지만 이 단계부터 엄마가 간다고 울고불고하는 아이도 있다. 우는 아이를 두고 엄마는 발길이 떨어지지 않는다. 그래서 우는 엄마도 많다. 엄마가 올 때까지 계속 울고 침울해하고 있는 아이도 있지만 진정하고 다시 잘 노는 아이도 있다.

3단계: 3주 차

이제 점심까지 먹는 것에 도전한다. 과연 혼자서 잘 먹을 수 있을지 걱정이 되었지만 다행히 친구들을 따라 잘 먹었다고 했다. 2단계에서 우는 아이들은 보통 3단계에서도 밥을 잘 먹지 않는다. 2단계와 3단계에 적응하는 데 한 달 이상이 걸리는 아이들도 많다.

4단계: 4주 차

이제는 밥을 먹고 양치도 하고 화장실도 가고 낮잠을 자게 된다. 그런데 우리 아이는 한 번 자고 오더니 등원 거부가 시작됐다. 반면 2단계와 3단계 적응이 힘들었던 내 지인의 아들은 친구들과 자고 싶다고 해서 낮잠을 재우기 시작하기도 했다. 또 다른 지인의 딸은 4단계까지 무난히 적응하며 오히려 하원 거부를 하기도 했다.

아이들마다 어느 단계에서 얼마나 적응 시간이 걸릴지는 모른다. 우리 아이는 4주 차부터 등원 거부를 하기 시작했다. 전날 밤부터 등원 전까지 어린이집 안 간다고 계속 말하는 아이를 겨우 꼬드겨서 데려갔고 내가 간다고 하면 울었다. 하지만 내가 가고 나면 금세 울음을 그쳤다(나도 마음이 안 좋아서 금방 가지 못하고 몰래 창문 너머로 지켜봤다). 하원 시에는 매우 밝은 표정을 하고 있었고 선생님께서 오늘도 잘 놀았다고 말해주어 안도하고는 했었다. 집에 와서는 재미있었던 것도 말해주고 선생님도 좋다고 할 때면 등원 거부한 아이가 맞나 싶었다. 하지만 밤이 되면 "엄마랑 헤어지는 거 싫어요.", "엄마랑 밥 먹고 같이 잘래요." 등 엄마의 마음이 약해지는 말을 했다.

 등원 거부를 하면 엄마의 마음은 약해지기 마련이다. 나도 마찬가지였다. 그래서 아이를 어린이집에 보내야 하는 이유를 다시 한번 생각하며 마음을 다잡았었다. 나의 경우, 집에서 다양한 놀이를 해주는 것에 한계를 느꼈고, 생활이 규칙적이지 못했고, 아이의 낮잠이 너무 늦어져 밤에 잠자리에 들기가 힘들었으며, 나의 체력 저하로 운동이 필요했다. 하지만 등원 거부가 며칠 계속되자 걱정이 되기 시작했다. 그래서 등원 거부에 대해 검색을 하기 시작했다. 우선 등원 거부를 계속하면 살펴봐야 할 것들이 있었다. 아이가 섭식, 수면, 배변의 변화가 있는지, 짜증이 많아지거나 우울해하는지 등의 정서 변화가 있는지를 확인해야 한다. 또 어린이집에서의 아이의 활동이나 표정 등을 선생님께 자세히 물어봐야 한다. 다행히 우리 아이에게는 다른 증상은 나타나지 않았다. 계속 아이와 이야기를 하고 반응을 살펴본 결과 어린이집은 재미있고 좋은데 엄마와 긴 시간 떨어져 있는 것에 아직 적응이 안 된 것이라 판단되었다. 그래서 아이의 불안을 감소시키기 위해 등원 거부 극복 프로젝트를 실시하였다. 그리고 1주일 후 아이는 교실 앞에서 "엄마 다녀오세요." 하고 배꼽인사를 하고 손 뽀뽀를 날리며 교실로 신나게 들어갔다. 이렇게 급변할 수가! 선생님도 나도 놀랐다. 언제 다시 등원 거부가 찾아올지는 모르지만 그래도 1주일 만에 성공적으로 등원 거부를 극복한 방법을 적어보고자 한다.

1. 어린이집 관련 책 보여주기

어린이집 등원 전부터 어린이집(유치원) 관련 책을 꾸준히 보여주었다. 우리 아이는 추피라는 캐릭터가 나오는 책을 좋아하는데 추피가 유치원에 처음 가거나 유치원에서 생활하는 내용이 나오는 책을 보며 유치원은 모두 가는 곳이며 엄마 없이 재미있게 놀다 오는 곳이라고 계속 말해주었다. 그 외에도 유치원과 관련된 책을 보며 유치원에 대해 설명해 주었다.

2. 어린이집 생활 사진 보여주기

보통 어린이집에서는 아이들의 활동 사진을 찍어서 사이트에 올려준다. 나는 그 사진을 아이와 함께 보며 친구들도 엄마 없이 잘 지내는 것에 대해서 이야기를 하고 아이가 어린이집에서 하고 온 활동에 대해서는 아낌없이 칭찬했다. 그리고 재미있게 놀고 있으면 엄마가 항상 돌아와서 집으로 함께 온다는 사실도 강조했다(까꿍 놀이나 숨바꼭질을 어릴 때부터 해주면 좋다).

3. 집에서 어린이집 놀이하기

집에서도 어린이집에 가는 상황, 도착해서 헤어지는 상황, 그리고 엄마가 나타나는 상황까지 아이와 함께 놀이처럼 하면서 즐거운 감정을 심어준다. 이렇게 연습을 하면서 실전에 도움을 준다.

4. 어린이집에 가는 이유 설명해주기

잠이 들 때 아이와 차분히 어린이집에 대한 이야기를 한다. 어린이집에 가는 것이 왜 싫은지, 좋은 것은 무엇인지 물어본다. 아직 자기감정을 정확히 알지 못하고 자기가 원하는 대로 표현을 할 수는 없지만, 엄마가 자기 이야기를 잘 들어준다는 것은 안다. 그리고 엄마가 천천히 상황을 이야기하면 아이도 조금은 이해한다.

5. 등원 후에도 엄마가 옆에 있다는 느낌 주기

　등원 거부에 대한 검색을 하던 중 어떤 엄마의 방법이 눈에 띄었다. 아이가 등원 후 안정감을 가지도록 손바닥에 하트를 그려주고 엄마가 보고 싶으면 누르라고 한다는 것이었다. 나도 아이 손바닥과 내 손바닥에 하트를 그렸고 우리는 이어져 있으며 아이에게 엄마가 보고 싶으면 누르라고 했다(이때 마음이 어찌나 짠하던지). 그 외에도 어린이집에 애착 인형을 함께 보내거나 가족사진을 가지고 가서 볼 수 있게 하는 방법 등이 있었다.

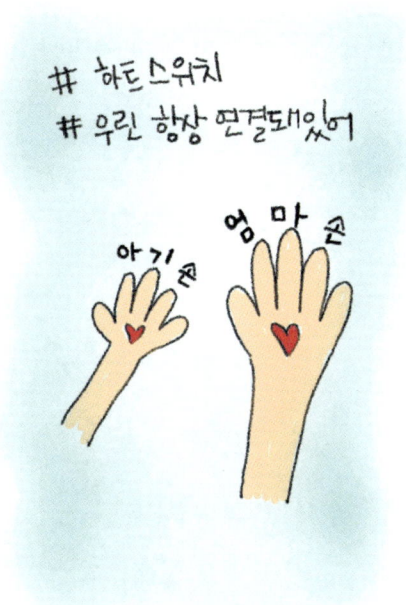

6. 어린이집 가는 길을 재미있게

어린이집으로 가는 길은 엄마와의 즐거운 산책길이고 길가에 있는 모든 것들이 아이에게는 재미있는 구경거리다. 꽃도 나무도 새와 개미에게 인사도 하며 관찰할 수 있다. 길바닥의 타일마저 금 밟지 않고 가기 등 재미있는 놀이가 될 수 있다. 놀이터가 있다면 미끄럼틀도 한 번 타고 그네도 탈 수 있다. 엄마 마음은 급하지만 아이는 하나도 급하지 않다. 매일 그 길을 가면서 하는 것들이 아이에게는 즐거운 일이 된다.

이런 방법들로 우리 아이는 등원 거부를 극복했다. 그래도 기관 생활 첫 단추는 잘 채운 느낌이었다. 정말 아이 키우는 것은 쉬운 게 하나 없다. 이렇게 엄마도 아이도 마음이 조금씩 단단해지는 것 같았다.

아이의 '왜(WHY)' 공격이 시작되었다

꼬마 철학자이거나
꼬마 악당이거나

아이들이 4살쯤 되면 '왜?'라는 말을 달고 산다고 했다. 나는 그런 날이 오면 짜증 내지 않고 성심성의껏 대답을 해줘야겠다고 다짐했었다. 옹알거리던 아이가 질문을 한다니 얼마나 귀여울까? 시간이 흘러 옹알거리던 아이는 일취월장으로 말이 늘어갔고 어느 날 갑작스럽게 '왜?' 공격이 시작됐다. 드디어 우리 아이도 질문을 하기 시작했다는 생각에 처음에는 너무 대견스럽고 신기해서 열심히 대답해주었다. 말도 안 되는 맥락에서 '왜?'를 남발했지만 당황하거나 짜증 내지 않고 대답해주었다. 하지만 끊임없이 '왜?' 또는 '어떻게?'라고 물어볼 때면 상식적이고 논리적인 대답을 해 주기가 무척 어려웠다. 말문이 턱 막히기 일쑤였다. 아이의 '왜?' 공격은 마치 철학자들이 진리 탐구를 위해 끊임없이 질문을 해나가는 수련법 같았다. 때로는 '엄마가 말문이 막혀 당황하는 것을 즐기는 것이 아닐까?'라는 의심도 들었다.
　보통 이렇게 대화가 진행된다. 나비가 알을 낳고 애벌레가 되고 번데기가 되어 다시 나비가 되는 과정을 설명해 주면 아이는 귀를 쫑긋 세우고 내 이야기를 듣다가 '왜(또는 어떻게)?' 공격을 하기 시작한다.

"애벌레가 왜 번데기가 됐어?"

"애벌레가 나비가 되려면 번데기가 돼서 잠을 자야 돼."

"왜~에?"

"번데기 속에서 변신을 준비하거든."

"왜~에?"

"나비가 되려고."

"왜~에?"

"나비가 되려고 태어났으니까."

"왜~에?"

이제 나는 머릿속이 복잡해지고 왜 질문을 끝내게 해야겠다는 생각이 들기 시작한다. 이때 두 가지 방법이 있다. 하나는 다른 것으로 관심 돌리고 또 하나는 역공격이다.

첫 번째 방법은 "나비 날개 봐, 너무 예쁘네 그렇지?" 하며 다른 이야기를 하는 것이다. 두 번째 방법은 "나비가 왜 되려고 할까?"라고 아이에게 내가 질문하는 것이다. 그럼 아이는 곰곰이 생각하다 자기 나름의 의견을 이야기한다. 그 답은 생뚱맞기도 하고 말도 안 되기도 하고 정말 그럴싸한 이야기를 하기도 한다.

"나비가 돼서 하늘을 날고 싶어서 그런가 봐."

아이는 자신 있게 말하고는 뿌듯해한다. 그럼 나는 맞장구를 쳐준다.

"아~ 그런가 보다. 우리 지효가 잘 알고 있네."

나는 대체로 두 번째 방법을 선택한다.

"엄마가 말해봐. 내가 물어봤으니까!"

하지만 이렇게 답을 요구하기도 한다. 그럼 또 머리를 쥐어짜서 대답을 해줘야 한다. 논리적인 답을 생각하니 머리가 아플 수밖에 없다. 정말 답을 할 수 없을 때까지 '왜?'라는 질문을 받으면 내가 모르는 게 너무 많다고 느껴지고 정확하게 알고 있는 것이 많지 않다는 생각도 든다. 물론 대부분 '왜'라는 질문은 여기서는 어울리지 않는다고 말해주고 싶지만, 그 이유를 모르는 아이에게 이런 말을 해봤자 소용없다는 걸 알기에 열심히 대답을 만들어 말해준다.

그런데 생각해보면 나이를 먹을수록 '왜?'라는 질문을 잘하지 않는 것 같다. 그냥 지금까지 그렇게 해왔으니까, 다른 사람이 다 그렇게 하니까. 그러다 보니 내가 어떤 생각을 하고 있는지, 내 생각은 무엇인지를 알아보려 하는 시간이 점점 줄어들었던 것 같다. 아이가 '왜?'라고 물어봤을 때 '왜?'라는 물음이 생소하기까지 했다. 반면 아이에게는 날마다 신기한 것투성이일 것이다. 뭐든 생애 처음인 것이 많을 테니 말이다. 그러니 질문을 계속할 수밖에 없고, 질문이 재미있을 수밖에 없을 것이다.

아이를 낳고 항상 느끼는 것이지만 아이가 태어나면서 나도 다시 태어난 것 같다는 생각을 자주 하게 된다. 아이가 없었을 때의 세상과는 너무도 다른 세상에 살고 있다. 기존의 내가 아닌 아이의 시각으로 세상을 한 번 더 보게 되고 아이가 살아가는 현재 그리고 미래에 대해 고민하게 된다. 그러다 보니 안 보였던 부분들이 하나둘씩 보이게 되고 내가 우물 안 개구리였다는 사실을 깨닫게 되기도 했다. 아이의 '왜?' 공격을 받은 이후로는 다시 '왜?'라는 질문에 대해 깊이 생각해보게 된다. 한동안 나는 꼬마 철학자님의 '왜?' 수련법으로 인생 훈련을 받을 것 같다. 짜증 내거나 외면하지 않고 이 수련이 끝날 때까지 최선을 다해 대답해야겠다.

아빠, 핸드폰은 넣어두세요

아이와 놀지 못하는 아빠,
아빠와 놀고 싶은 아이

나는 베란다에 서서 집 앞 놀이터를 내려다보는 것을 좋아한다. 그랬더니 요일별, 시간별로 놀이터를 찾아오는 사람들의 패턴이 자연스레 눈에 들어왔다.

평일은 오전 8시 반 정도부터 초등학생들이 놀이터에서 모여들기 시작한다. 놀이터에서 친구들을 만나 함께 등교한다. 9시 반경에는 기관(어린이집이나 유치원)에 다니는 아이들이 엄마와 잠시 놀다 기관에 간다. 그 후 12시 정도까지는 소강상태이다가 12시 이후 초등학생들이 하교를 하면서 삼삼오오 나타나기 시작한다. 그 아이들의 엄마들도 삼삼오오 모여 이야기를 나눈다. 3시에서 4시 정도 되면 기관에서 하원하는 아이들이 엄마 손을 잡고 나타난다. 초등학생들도 학원이 끝나고 놀이터로 몰려온다. 그때부터 저녁 6시에서 7시 전까지 놀이터가 가장 복작거리는 시간이다. 저녁 시간이 되면 어느새 놀이터는 텅 비어 버리고 그렇게 하루가 마무리된다. 평일에는 엄마들과 아이들이 북적거리지만 주말에는 아빠들과 아이들이 그 자리를 채운다.

주말임에도 불구하고(물론 주말은 어른의 시점이며 아이들은 주말이라고 늦잠을 자지 않는다) 아이는 오전 7시에 일어나 엄마와 아빠를 깨운다. 오전 9시가 되지도 않았는데도 심심하다고 놀아 달라는 아이 때문에 또는 아내 등쌀에 떠밀려 나온 아빠들과 아이들이 주말 아침부터 놀이터 출근 도장을 찍는다. 물론 자발적으로 나오는 아빠들도 있을 것이다(있다고 믿고 싶다). 근데 놀이터에 나온 아빠들 중 핸드폰만 보고 있는 아빠들이 종종 있다.

어느 주말 아침 놀이터를 내려다보니 아이가 혼자서 그네를 타고 미끄럼틀을 타고 있었다. 아빠는 구석 벤치에 앉아서 고개를 숙이고 핸드폰을 쳐다보고 있었다. 그 모습을 보고 있으니 너무 안타까웠다. 혼자 그네를 타던 아이가 그네를 밀어달라고 말했는지 아빠가 천천히 벤치에서 엉덩이를 떼고 아이에게 다가와 그네를 밀어주는데 핸드폰에서 눈을 떼지 않고 한 손으로 대충 아이를 밀어주었다. 나는 안타까움을 넘어서 그 모습이 슬펐다.

아이들과 노는 것이 힘든 이유는 자신들은 노는 것이 아니기 때문이다. 아이의 마음으로, 동심으로 돌아가 아이와 함께 놀 수 있다면 전혀 힘들지 않다. 그것이 안 된다면 놀아주는 연습을 해야 한다. 핸드폰만 쳐다보는 아빠는 아마 집에서도 아이와 보내는 시간이 적을 것이다. 그래서 어떻게 놀아 주어야 될지 모르니 힘들고 지겨운 것이다. 절대적인 시간이 부족해서 육아에 서툴고 자녀와의 관계가 어색해지는 아빠들에게는 엄마들의 도움이 필요하다. 그냥 아빠들에게 '아이들이랑 놀아라'라고 하면 무엇을 해야 할지 모르기 때문이다. 우선 평소에는 아이의 일상 스토리를 아빠에게 많이 들려주어야 된다. 아이에게도 아빠 이야기를 많이 해주어야 한다. 그리고 구체적으로 어떻게 놀아야 하는지 알려주어야 한다. 예를 들면 퍼즐 놀이, 공룡 놀이, 마트 놀이 등 요즘 아이가 흥미 있어 하는 놀이를 시작하게 하고 아빠를 참여하게 한다. 놀이터에서도 술래잡기 놀이, 그네 밀어주기 등 엄마와 아이가 평소에 어떻게 노는지를 알려주는 것이 좋다. 물론 그래도 핸드폰만 쳐다보는 아빠가 있을 것이다. 하지만 대부분의 아빠는 아이와 즐겁게 시간을 보내기를 바란다. 처음은 어려워도 아이들과 자주 시간을 보내다 보면 아빠만의 놀이가 만들어질 것이다. 아빠와 더 시간을 많이 보내고 잘 노는 아이가 머리가 좋아진다(성적이 좋아진다)는 연구 결과도 있다.

놀이터에서 핸드폰만 쳐다보는 아빠가 있는 반면 적극적으로 놀아주는 아빠도 물론 있다. 우리 집 앞 놀이터에는 매 주말마다 아침부터 나타나는 쌍둥이 아빠가 있다. 쌍둥이가 걷기 시작할 때부터 거의 세 돌이 되어가는 지금까지 항상 아빠와 나타난다(그동안 쌍둥이 엄마는 딱 한 번밖에 보지 못했다). 그래서 그런지 이 아빠는 아이들과 노는 모습이 너무 자연스럽다. 움직임이 재빠르고 적극적이다. 멀리서 지켜봐도 아이들을 사랑하는 아빠의 마음이 느껴진다.

아이와 시간을 함께 보낼 수 있는 시간을 핸드폰에 뺏기는 어리석은 행동은 하지 않았으면 좋겠다. 기억에도 남지 않을 핸드폰 속 이야기를 뒤적이는 동안 아이는 그런 아빠를 바라보며 무슨 생각을 했을까? 문득 '어른들은 몰라요'라는 노래가 떠오른다. 이 노래 가사처럼 아이는 좋은 장난감, 예쁜 옷이 아니라 아빠의 사랑이 담긴 눈길을 바라지 않았을까?

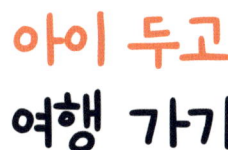

아이 두고 여행 가기

엄마 놀러 갔다 올게,
잘 있을 수 있지?

지금 여긴 인천 공항이다. 몇 시간 후면 친구들과 2박 3일 일정으로 해외여행을 떠난다. 신혼여행 이후 4년 만에 공항에 발을 디뎠다. 아직 난 아이와 함께 해외여행을 가보지 않았다. 해외에 가서까지 육아를 하고 싶은 생각은 없기 때문이다. 그 대신 난 아이와 가는 해외여행보다 친구들과 가는 여행을 꿈꿨었다.

    이 여행에 동참한 5명은 20년 전 떨어지는 낙엽만 보고도 까르르, 아니 왁자지껄 떠들며 교정을 활보했던 고교 동창들이다. 한 명을 제외한 4명은 모두 엄마의 삶을 살고 있다. 우리는 1년 전 부푼 기대를 안고 싱가포르행 티켓을 끊었다. 그 후 나는 이날을 위해 많은 준비를 했다. 어린이집 등원도 이 여행을 실현시키기 위한 계획의 일부라면 일부일 수 있다. 또, 아이와 아빠의 놀이 시간을 점차 늘리고 남편이 아이를 혼자서도 씻기고 먹이고 재울 수 있도록 연습시켰다. 게다가 남편도 친구랑 해외여행을 간다고 해서 허락했다.

==단 3일을 위해 1년을 준비하다니…==
==그래도 그만한 가치가 있는 3일이다==

여행 날짜가 다가오면서 내 신경은 더욱 곤두섰다. 아침마다 아이의 체온을 재며 아이의 컨디션을 체크했다. 몇 달 전 두 차례 열이 39도까지 오르는 감기를 겪었기 때문에 더욱 아이의 건강에 예의 주시했다. 여행 3일 전에는 갑자기 미열이 올라 집중 케어에 들어갔다. 다행히 하루 만에 정상 체온으로 돌아와 가슴을 쓸어내렸다. 그런데 아이 건강 챙기다 내 컨디션이 안 좋아지기 시작했다. 남편이 걱정스러운 눈빛으로 갈 수 있겠냐고 물었다.

==나는 "안 돼, 난 기어서라도 가겠어!"라고==
==울부짖었다==

그런데 출발일을 얼마 두지 않고 낙오자가 발생하기 시작했다. 갑자기 시아버지의 건강 악화로 한 명의 친구가 눈물을 머금고 표를 취소해야 했다. 친구 시아버지의 건강도 매우 걱정되었지만 지금 아니면 또 언제 같이 여행을 갈 수 있을까 하는 생각에 너무 안타까웠다. 며칠 뒤 또 한 명의 낙오자가 발생했다. 이번에는 남편이 목 디스크로 몸져누웠다는 것이었다. 아무리 1년 전부터 준비했던 여행이어도 마음 편하게 가지 못할 바에는 안 가는 게 낫다고 생각한 것 같았다.

그렇게 우리의 여행 인원은 3명으로 줄어들었다. 그리고 단체 카카오톡 채팅방에 언젠가는 다 함께 가자는 이야기가 슬프게 오갔다. 그래도 나는 무사히 공항에 도착했다. 아이도 남편도 아이를 봐주신 다는 우리 엄마도 그리고 나도 모두 컨디션이 좋았다.

이건 기적이다!
나에게 꿈같은 3일이 주어진 것이다

마음 같아서는 잠도 안 자고 놀고 싶지만 어쩌면 우린 10시 전에 취침 모드로 들어갈지 모르겠다. 그럼 눈을 감고서라도 놀아야 한다!
"아가야, 엄마 없이 3일을 잘 지내렴. 엄마 놀다 올게."
근데 벌써 보고 싶은 건 뭐지?

둘째
선언

나는 더 행복하고
더 용감해졌다

사실 내 인생에 결혼 계획은 없었는데 갑자기 결혼하고 싶은 남자가 나타나 결혼이란 것을 하게 되었다(아니면 결혼이 갑자기 하고 싶은 찰나에 우리 남편이 나타난 것일지도 모르겠다). 그리고 결혼 후 1년 반 만에 아이를 낳았다. 딸이 태어난 뒤 3년 동안 아이에 빠져들어 육아에 전념했다. 내가 이렇게 열정을 다해 무엇인가를 했던 적이 없었다. 지구력이 없어 금세 그만두기의 달인인데 말이다. 3년이 죽도록 힘들었지만 반대로 너무 행복하고 보람되기도 했다. 그렇게 아이와 함께 이루어진 세 가족이 너무 소중하고 완벽하게 느껴졌다.

==그런데 아이가 두 돌이 지나면서==
==슬슬 둘째에 대한 고민이 시작되었다==

　아이가 2명 있는 집은 아이가 2명이면 2배가 아니라 3배, 4배, 5배가 힘든 것 같다고 한다. 그런 이야기를 들으면 둘째는 없다고 말하면서도 딸아이의 작아진 옷이며 신발, 장난감, 책은 서랍에 고이 잘 챙겨 두었다. 하루에도 손바닥 뒤집듯이 낳자, 낳지 말자가 반복되었다. 그렇게 고민만 하다 1년이 흘렀다. '이렇게 고민할 바에 낳자', '아니 이렇게 고민하는 것을 보면 안 낳고 싶은 거야' 도대체가 끝나지 않았다.

==이건 무슨 〈지킬 앤 하이드〉처럼==
==내 안에 두 명의 자아가==
==매일 힘겨루기를 하고 있는 것 같았다==

도저히 안 되겠다 싶어 노트를 펼쳐서 노트 가운데 세로줄을 쫙 긋고 왼쪽에는 둘째를 낳고 싶은 이유, 오른쪽에는 둘째를 낳고 싶지 않은 이유를 적어 보기로 했다.

왼쪽에는 다음과 같은 이유를 적었다.

1. 부모가 죽고 나면 사촌도 없어서 혈육이 없다.
2. 아이들이 같이 자라면 좋다.
3. 책, 장난감, 옷, 신발 등 혼자 쓰기 좀 아깝다.
4. 아이가 예쁘다(아이가 자라는 모습을 또 보고 싶다).
그리고는 생각이 나지 않는다.

사실 1번과 2번은 혈육이 좋을 수도 있고 아닐 수도 있다고 생각한다. 좋은 형제 사이를 만들기 위해서는 부모의 역할 등 가정 환경이 영향을 준다. 3번은 필요한 것만 사고 물려주고 기부하면 된다. 4번은 정말 강력하긴 하지만 3년 동안 힘들었던 것을 생각해보면 정신이 번쩍 들긴 한다. 그런데 좀 살만해지니 그 힘듦에 대한 체감이 가물가물해졌다.

다음은 오른쪽에 적은 이유다.

1. 다시 처음부터 육아를 시작해야 한다.
2. 둘은 어떻게 키워야 할지 감이 안 온다.
3. 금전적으로 부족해진다.
4. 노산이라 아이가 걱정된다.
5. 노산이라 내 몸이 걱정된다.
6. 내가 하고 싶었던 일을 미루거나 포기해야 한다.
7. 미세 먼지 등 지구 환경이 걱정된다.
8. 우리나라 정치적, 경제적 환경도 걱정된다.

낳고 싶지 않은 이유는 적자면 계속 적을 수 있을 것 같다. 그중 가장 걱정스러운 것은 7번이다. 아이를 낳고서 육아에 가장 큰 영향을 주는 것이 환경 오염이었다. 아이의 생활이 지구 환경(땅, 공기, 물 등)과 직결된다는 것을 깨달았기 때문이다. 그런데 어느 순간 내 마음이 둘째를 낳는 쪽으로 기울어졌다. 세상을 긍정적으로 봐야겠다는 생각이 들면서 둘째를 낳을 결심이 서게 되었다. 생뚱맞게 들릴지는 몰라도(사실 나에게는 매우 심각한 일이지만) 때마침 읽게 된 플라스틱을 분해하는 효소, 플라스틱을 먹는 벌레가 발견되었다는 기사가 둘째 낳기를 결심하게 만드는 데 일조를 했다. 이 기사를 읽으며 인류는 문제를 해결하는 능력이 있다는 믿음을 가지게 되었다. 그렇게 긍정적인 시각을 가지고 살아야겠다는 생각이 든 것이다.

==아마도 이미 답을 정해 놓고 있었던 것 같다==
==다만 용기가 없었고 긍정적이지 못해==
==주저하고 있었던 것이 아닐까 생각이 든다==

 남들이 힘들다고 하니까 힘들 것 같아서, 앞으로 더 세상살이가 힘들어질 것 같아서 경험해보지도 않고 지레 겁먹고 포기하는 것은 직접 경험해야 직성이 풀리는 내 성격과 맞지 않다. 둘째를 낳는 결심이 이리 비장해야 되는 일인지는 모르겠지만 또 한 생명을 지구로 초대하는 것이니 신중해야 하는 것이 맞다. 결심만 했을 뿐인데 내 안에서 용기와 희망이 싹트는 느낌이 들었다. 힘든 것도 이겨 낼 수 있을 것 같고, 교육비, 생활비 등 금전적 씀씀이는 내가 하기 나름이고, 아이 둘 있다고 자아실현 못 하라는 법도 없다(이렇게 책도 쓰고 있으니 말이다). 이 자신감이 어디서 솟아났는지 모르겠다.

첫째 아이가 나에게

말할 수 없는 행복을 가져다주었다면

둘째 아이는 나에게

커다란 용기와 희망을 가져다주는 것 같다

   첫 아이의 세 돌이 다가오고 있다. 언제 이렇게 컸나 싶다. 꽤 괜찮았던 엄마였다고 나 자신을 토닥이고 싶다. 3년의 육아는 지금까지 내 인생 중 가장 반짝이는 시간이었다. 그렇기에 두 번째 아기천사를 초대할 용기가 생긴 것 같다. 두 아이의 엄마가 되어 또 다른 세상을 만나게 될 시간이 기대된다.

• • • 에필로그 • • •
참을 수 있는 존재의 무거움

　아이를 낳고 보니 낳기 전에는 상상도 못 했던 상황을 맞닥뜨리게 되고, 생각지도 못한 감정에 휩쓸리기도 하며, 예전과는 다른 내가 되기도 한다. 하지만 그것이 싫지 않다. 오히려 좋다. 정말로 삶을 살아가고 있다고 느낄 수 있게 되었기 때문이다. 아이를 사랑하게 되면 인간으로서 느낄 수 있는 가장 큰 환희 그리고 가장 깊은 슬픔을 경험하게 된다. 그러한 감정을 느낄 수 있다는 것이 나는 좋다. 엄마가 되어서 참 좋다.
　현재 나는 아이를 키우며 행복과 근심의 경계를 넘나들고 있다. 아이라는 존재는 때로는 무겁게 느껴지지만, 존재만으로도 즐거움을 주기 때문에 그 무게를 견딜 수 있다. 오늘 하루도 엄마가 될 수 있어 감사하다.